ATLAS CÉLESTE
DE FLAMSTÉED,

APPROUVE

PAR L'ACADÉMIE ROYALE
DES SCIENCES,

ET PUBLIÉ

SOUS LE PRIVILEGE DE CETTE COMPA

SECONDE ÉDITION.

Par M. J. FORTIN, Ingénieur-Mécanicien du Roi & de la Famil
pour les Globes & Spheres.

A PARIS,

Chez { F. G. DESCHAMPS, Libraire, rue S. Jacques, aux Affociés.
{ l'Auteur, rue de la Harpe, près celle du Foin.

M. DCC. LXXVI.

ATLAS CÉLESTE
DE FLAMSTÉED.

DISCOURS PRÉLIMINAIRE.

Le Recueil des Cartes céleftes de Flamftéed, publié au commencement de ce fiécle, eft le plus eftimé de tous ceux qui exiftent, & le plus recherché par fon exactitude, fon étendue & la facilité qu'il préfente pour acquérir la connoiffance des Conftellations; mais la grandeur même des cartes, en augmentant les frais de cet ouvrage, l'a mis hors de la portée du plus grand nombre des Amateurs.

On a cru rendre fervice au public, en réduifant au tiers les cartes de cet Atlas, afin d'en étendre l'ufage par un format plus commode.

L'on a apporté, dans cette réduction, l'attention la plus fcrupuleufe pour fe conformer exactement à l'original. On fe flatte que les Aftronomes y trouveront toute la précifion qu'ils peuvent defirer. On va rendre compte de quelques changemens qu'on s'eft permis de faire pour une plus grande utilité, & dont le principal a été de fixer la pofition des étoiles pour l'année 1780, au lieu de 1690 que Flamftéed avoit pris pour époque.

On fait que la projection des cartes de Flamftéed eft la plus fimple & en même tems la plus naturelle qui ait été imaginée; chaque conftellation paroît fur le papier telle qu'on la voit dans le Ciel. Si l'on s'imagine être placé au centre d'un vafte globe célefte, monté fur les Poles du monde, dont la concavité, qui porteroit les Conftellations, feroit divifée par les cercles de la Sphere, & par ceux de Déclinaifon, d'Afcenfion droite, de Latitude & de Longitude, & qu'enfuite on détachât des parties de cette furface du globe pour en faire des cartes, on auroit celles que Flamftéed a exécutées.

Toutes les lignes horizontales font ou l'Equateur, ou des paralleles à l'Equateur. Ces lignes indiquent la Déclinaifon des étoiles, qui

A ij

est leur distance de l'Equateur. Comme Flamstéed a compté, selon la disposition de l'instrument avec lequel il observoit, par les distances du Pole Boréal, les graduations latérales portent des nombres qui expriment des distances du Pole; mais il est aisé de suppléer à cette maniere de compter. En prenant le complément de cette distance du Pole, on aura la Déclinaison pour la partie boréale; pour la partie méridionale, on retranchera 90 du nombre indiqué sur le côté de la carte, le reste sera la Déclinaison.

Les lignes horaires qui sont tracées, de haut en bas, indiquent la division de l'Equateur, en tems ou en XXIV heures, en commençant à la section de l'Ecliptique & de l'Equateur, ou au point équinoxial du Bélier. Ces lignes horaires représentent les Méridiens ou cercles d'Ascension droite, qui, comme l'on sait, est l'arc de l'Equateur, ou d'un de ses paralleles, compris entre le Méridien d'une étoile & celui qui passe par le point équinoxial du Bélier. Cette Ascension droite, que l'on compte selon l'ordre des signes, ou par heures ou par dégrés, est indiquée par la double division des lignes horizontales au haut & au bas des cartes. Les chiffres intérieurs marquent les degrés, & les nombres extérieurs indiquent les heures & les minutes de 20 en 20. L'usage en Astronomie n'étant pas de compter deux fois XII, voilà pourquoi les heures sont indiquées depuis I jusqu'à XXIV. Ces lignes étant les cercles d'un globe projetté sur un plan, presque toutes ont dû être courbes sur les cartes.

Les autres lignes, qui sont perpendiculaires à l'Ecliptique, sont les cercles de Latitude des étoiles. Celles qui sont paralleles à l'Ecliptique sont les cercles de Longitude. La projection n'ayant pas permis de figurer ces cercles dans une courbure exactement parallele à l'Ecliptique, c'est pour cela que, dans plusieurs cartes, les cercles qui approchent le plus du Pole ont la figure d'une portion d'Ellipse qui est très-sensible, sur-tout dans la carte de la Grande Ourse.

Il faut remarquer que les cercles de Latitude & Longitude ne sont gravés qu'en lignes à traits interrompus, pour les distinguer des cercles de Déclinaison & d'Ascension droite qui sont gravés en traits pleins.

L'Ecliptique est divisée de 10 en 10 degrés par les cercles de Latitude, & ensuite de 30 en 30 degrés pour chacun des signes du Zodiaque; leur espace est indiqué par les cercles de Latitude qui sont gravés à traits plus forts. Dans les cartes, qui ne comprennent point de portion de l'Ecliptique, la division de 10 en 10 degrés, qui exprime la Longitude des étoiles, se trouve marquée dans l'intérieur des cartes, à l'extrémité de chaque ligne, en haut & en bas; les cercles de Longitude ou les paralleles à l'Ecliptique sont tous distans les uns des autres de 10 degrés; & leur distance, qui indique la

Latitude célefte, eft marquée aux extrémités de chacun de ces cercles, à droite & à gauche, auffi dans l'intérieur de chaque carte.

Toutes les cartes de Flamftéed portent des divifions doubles fur chaque côté ; mais la petiteffe des foudivifions qui marquent des minutes, n'a pas permis de les conferver toutes : cependant, à caufe de l'importance des obfervations des étoiles zodiacales, on les a mifes dans les cartes qui comprennent les conftellations des 12 fignes. C'eft pour cette raifon qu'on y a ajouté fur chaque côté une fousdivifion qui marque de 15 en 15 les minutes des degrés de Déclinaifon & d'Afcenfion droite.

Il n'y a que la carte, qui comprend les conftellations les plus voifines du Pole, qui ait une projection différente de toutes les autres, à caufe de la proximité du Pole, c'eft la projection de Ptolomée. Cette carte porte une graduation particuliere fur une ligne tirée du Pole à l'angle gauche inférieur du cadre ; cette divifion indique la diftance du Pole ou le complément de la Déclinaifon. Comme la projection de cette carte, dans l'Atlas de Flamftéed, eft trop étendue à gauche, où elle comprend le Cigne & le Lézard, dans un efpace amplement répété fur deux autres cartes, nous avons fupprimé une partie de cet excédent pour le rejetter à droite & comprendre une portion confidérable de la Grande Ourfe & une partie du Bouvier.

On s'eft permis d'ajouter trois conftellations généralement adoptées aujourd'hui ; favoir, *le Réene*, monument du voyage des Aftronomes françois, en 1736, au Cercle Polaire, pour la mefure de la Terre, & d'après Hevelius, *l'Ecu de Sobieski, le Rameau & Cerbere d'Hercule.* On a auffi corrigé la pofition de quelques étoiles qui avoient échappé à l'exactitude de Flamftéed, telle que l'étoile ⚹ de la Grande Ourfe, & ♪ du Dauphin. Nous avons rectifié la grandeur de ζ de la Vierge, & ajouté la voye lactée d'après les cartes de Bayer, ainfi que les étoiles nébuleufes comprifes dans le Catalogue inféré dans le 7.ᵐᵉ volume des Ephémérides par M. de la Lande. Ce Catalogue comprend les nébuleufes obfervées par MM. de la Caille, Meffier & Le Gentil.

L'Atlas de Flamftéed n'eft compofé que de 26 cartes particulieres qui comprennent toutes les conftellations vifibles fur l'Horizon de Londres, & l'Auteur avoit ajouté deux Planifpheres, ou cartes générales gravées d'après la projection de Ptolomée, mais dont l'une repréfente les étoiles à contre-fens. Nous avons ajouté, en marge, les principales étoiles vifibles fur l'Horizon de Paris, & nous avons fubftitué aux deux dernieres cartes les deux Hémifpheres que M. le Monnier a publiés, dans fes Inftitutions d'Aftronomie, en plaçant les étoiles dans le même fens que nous les voyons dans le Ciel ; mais comme le Planifphere auftral ne contenoit pas toutes les étoiles, nous nous sommes conformés au defir de l'Académie, en ajoutant à notre ouvrage le Planifphere des étoiles auftrales de M. l'Abbé de la Caille, qui contient 14 nouvelles conftellations, & que nous avons copié d'après celui qui eft dans le *Cœlum Auftrale* de cet Auteur.

Afin de ne pas confondre les étoiles d'une grandeur avec celles d'une autre, elles ont été gravées avec des poinçons propres à chaque grandeur, & dans la même forme que M. Meffier a données à celles de fes cartes céleftes inférées dans les Mémoires de l'Académie; elles ont des groffeurs proportionnées à leur ordre, & font fi diftinctes qu'il n'y aura pas à s'y méprendre, dès qu'on aura examiné les différences qui font indiquées à part dans la feconde carte, au bas du cadre. La même exactitude fe trouve auffi dans les deux cartes générales & dans le Planifphere auftral de M. l'Abbé de la Caille.

On a apporté l'attention la plus fcrupuleufe pour ne pas confondre les lettres grecques que Bayer a introduites, & qui fervent à défigner chaque étoile particuliere dans fa conftellation. On a auffi employé très-exactement les lettres romaines.

L'Ordre des 28 cartes de cet Atlas étoit affez indifférent; mais nous les avons divifées en trois claffes. La premiere comprend l'Hémifphere Boréal, la carte des conftellations les plus voifines du Pole & celles des conftellations feptentrionales, en commençant par le premier cercle d'afcenfion droite & faifant le tour du globe. La feconde claffe comprend les douze fignes du Zodiaque. Enfin la troifieme contient les cartes des conftellations au Midi du Zodiaque, avec l'Hémifphere auftral. C'eft d'après cette divifion, qui nous a paru la plus naturelle & la plus conforme, qu'on a numéroté chaque carte, & nous en avons indiqué l'ordre & les numeros à la Page viij de ce Difcours.

Mais, afin que l'on puiffe faire ufage de notre Atlas, non-feulement pour les obfervations aftronomiques, mais encore pour l'étude du Ciel, nous avons cru devoir ajouter, à la fuite des cartes, le Catalogue des étoiles publié par M. Bradley, une table du paffage du premier point du Bélier par le Méridien, & les détails les plus néceffaires pour étudier & connoître les étoiles. Nous avons terminé l'ouvrage par plufieurs Problêmes auffi intéreffans qu'ils peuvent être utiles.

EXTRAIT DES REGISTRES de l'Académie Royale des Sciences, des 30 Avril & 5 Juin 1776.

MM. Le Monnier & Meffier, qui avoient été nommés pour examiner une feconde édition de l'*Atlas Célefte de Flamftéed*, *réduite au tiers de fa grandeur*, *& dans laquelle la pofition des étoiles eft calculée pour 1780*, préfentée par M. Fortin, en ayant fait leur rapport, l'Académie a jugé que cet ouvrage, auquel l'Auteur a eu foin d'ajouter le Catalogue des étoiles de M. Bradley, & le Planifphere des étoiles auftrales de M. l'Abbé de la Caille paroiffoit fait avec le plus grand foin, qu'il étoit accompagné d'inftructions & de quelques Problêmes de la Sphere des plus utiles, & qu'il méritoit fon Approbation, & d'être publié fous fon Privilége. En foi de quoy jai figné le préfent Certificat. A Paris, le 6 Juin 1776.

Signé, GRANDJEAN DE FOUCHY, Secrétaire Perpétuel de l'Académie Royale des Sciences.

ORDRE ET NUMÉROS
DES CARTES.

HEMISPHERE XVIII BORÉAL
XVII
VI
IX
V
XI
VII
XIV
XII
le Serpentaire
Hercule
l'Aigle
le Dauphin
le Cheval Pégaze
la Couronne
la Lyre
le Bouvier
Arcturus
Pégaze
Markab
la Vierge
la Chevelure
de Bérénice
Callisto
Mirach
Andromède
le Triangle
le Lynx
le petit Triangle
la Mouche
les Gémeaux
Castor
Pollux
ECLIPTIQUE
l'Hydre
Aldebaran
Orion
la Baleine
le petit Chien
Procyon
la Licorne
Grandeur
des Etoiles
C. R. Voisard Sculp.

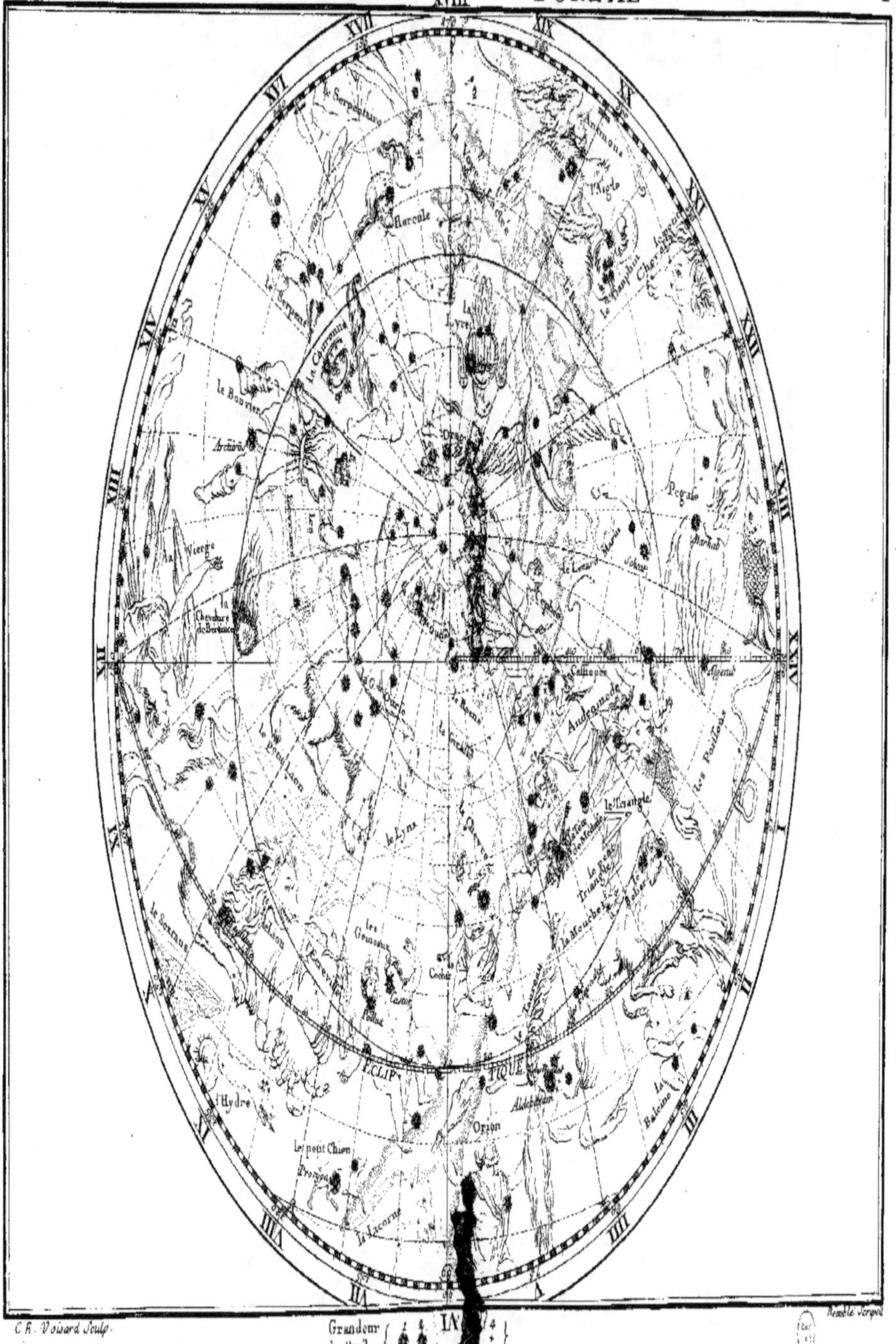

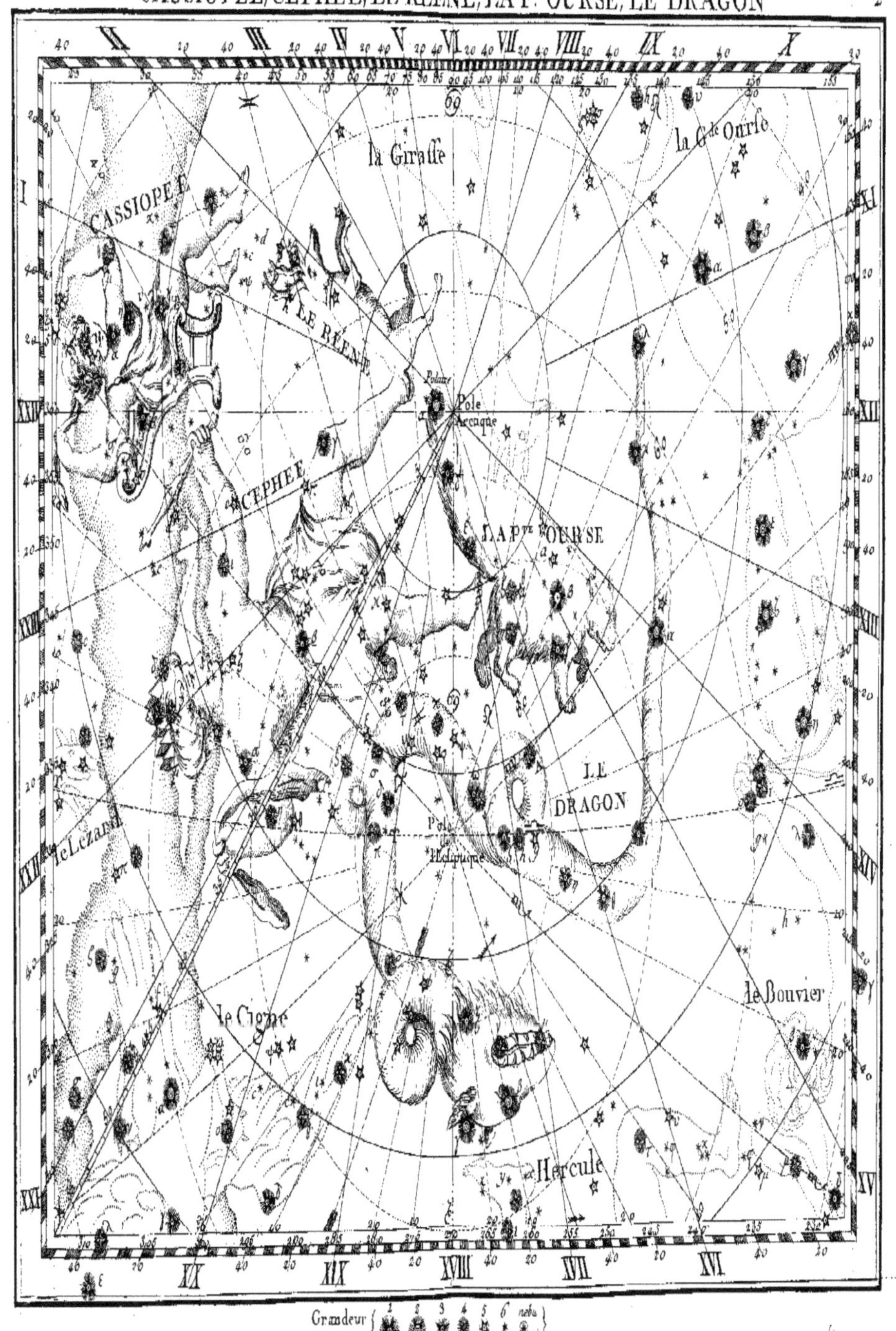

la Giraffe
la Gᵈᵉ Ourse
CASSIOPÉE
LE RÉENE
Polaire
Pole Arctique
CÉPHÉE
LA Pᵗᵉ OURSE
LE DRAGON
le Lézard
Pole de l'Écliptique
le Bouvier
le Cigne
Hercule
Grandeur des Étoiles

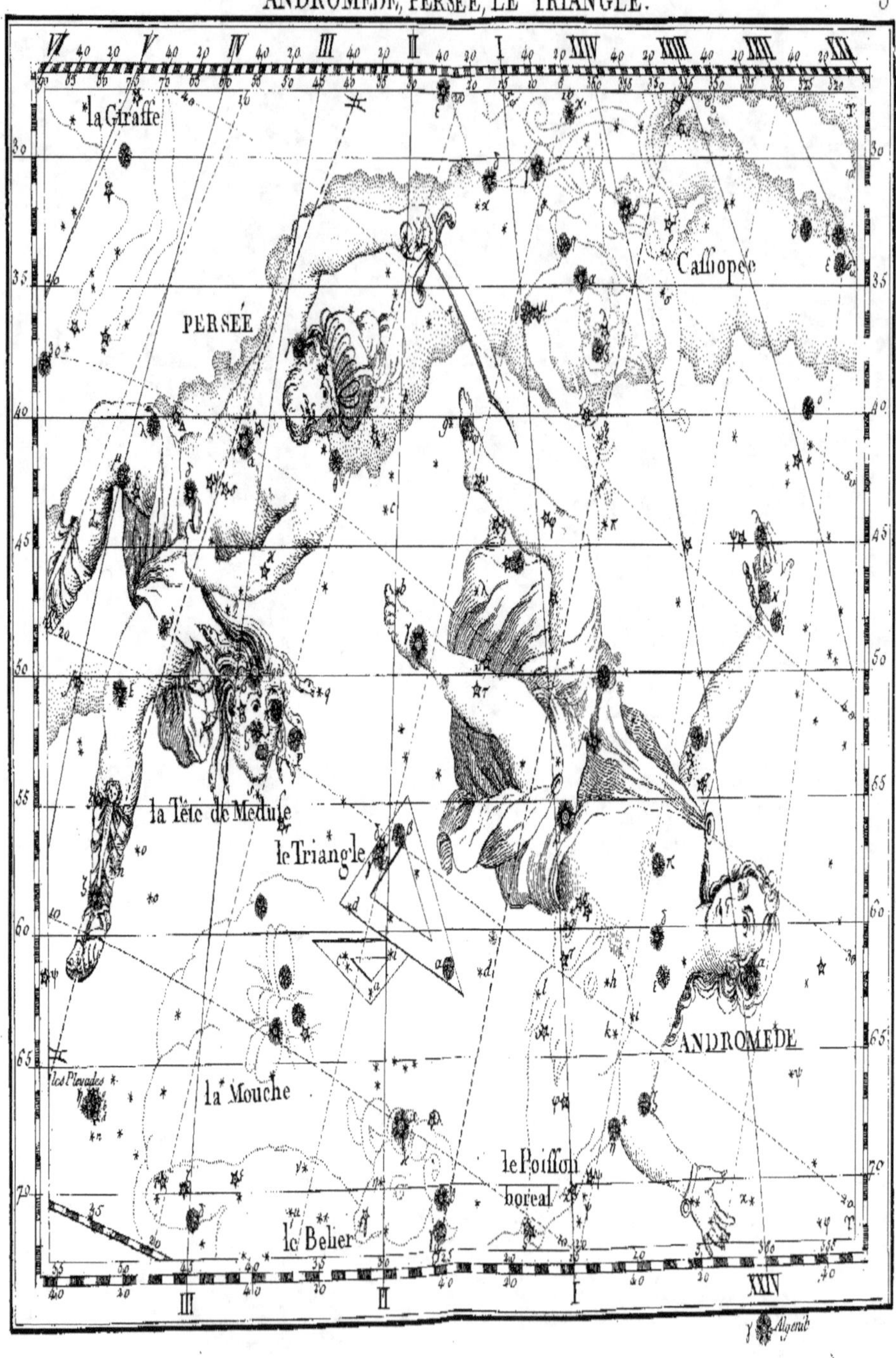
la Giraffe
Caſſiopée
PERSÉE
la Tête de Méduse
le Triangle
ANDROMÈDE
les Pleyades
la Mouche
le Poiſſon
boreal
le Belier
Algenib

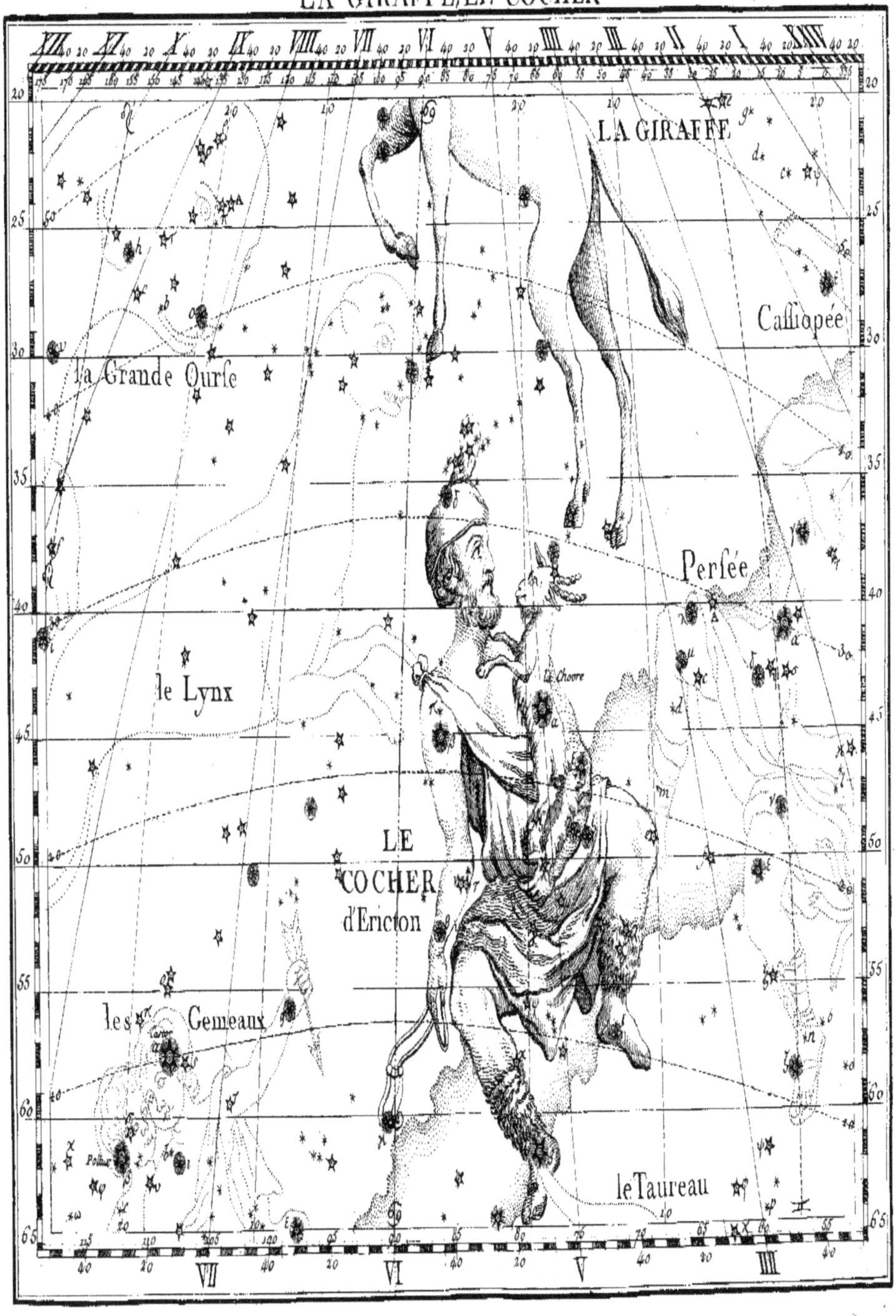
LA GIRAFFE
Caſſiopée
la Grande Ourſe
Perſée
le Lynx
LE COCHER
d'Ericton
les Gemeaux
le Taureau
Pollux

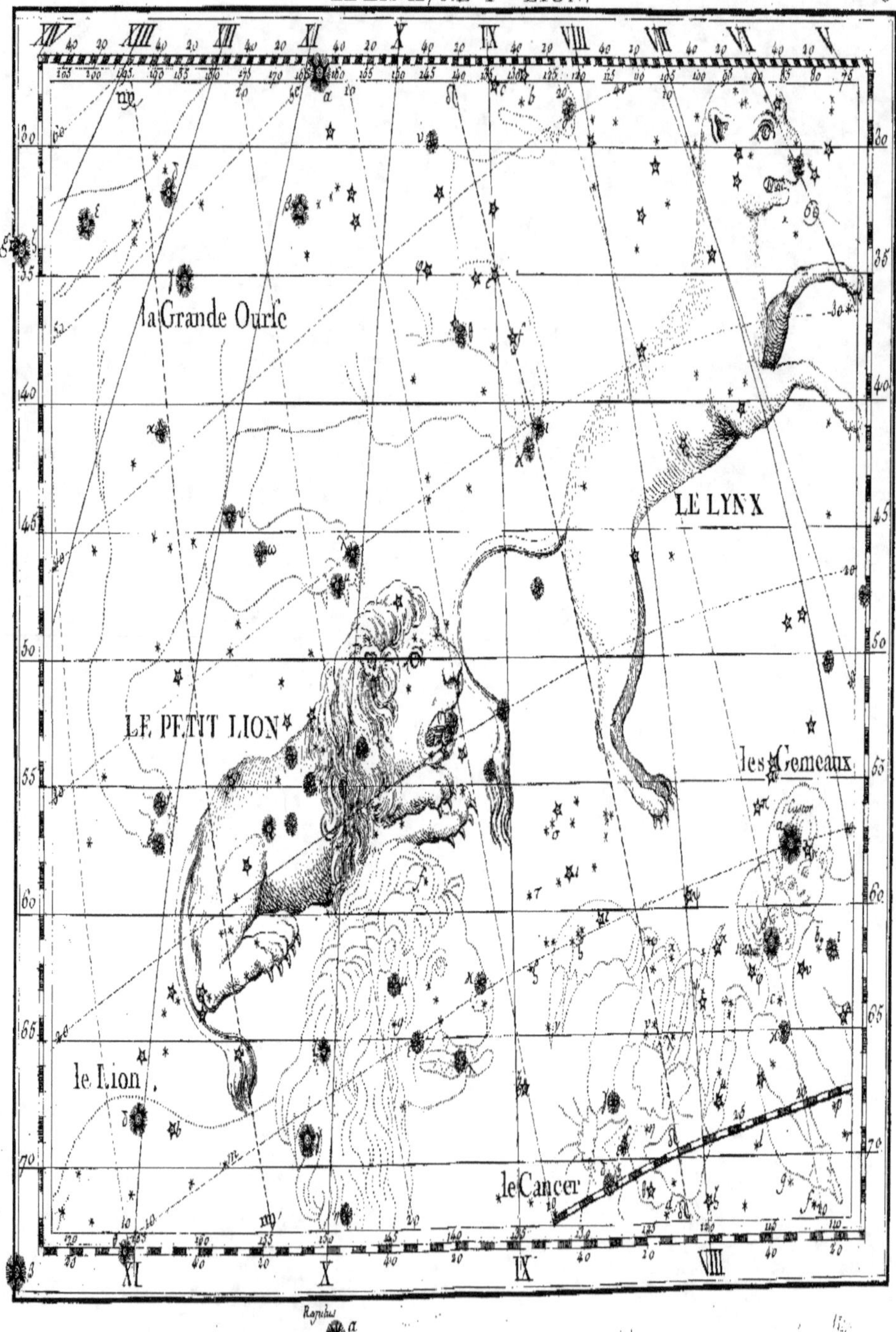
la Grande Ourse
LE LYNX
LE PETIT LION
les Gemeaux
le Lion
le Cancer
Regulus

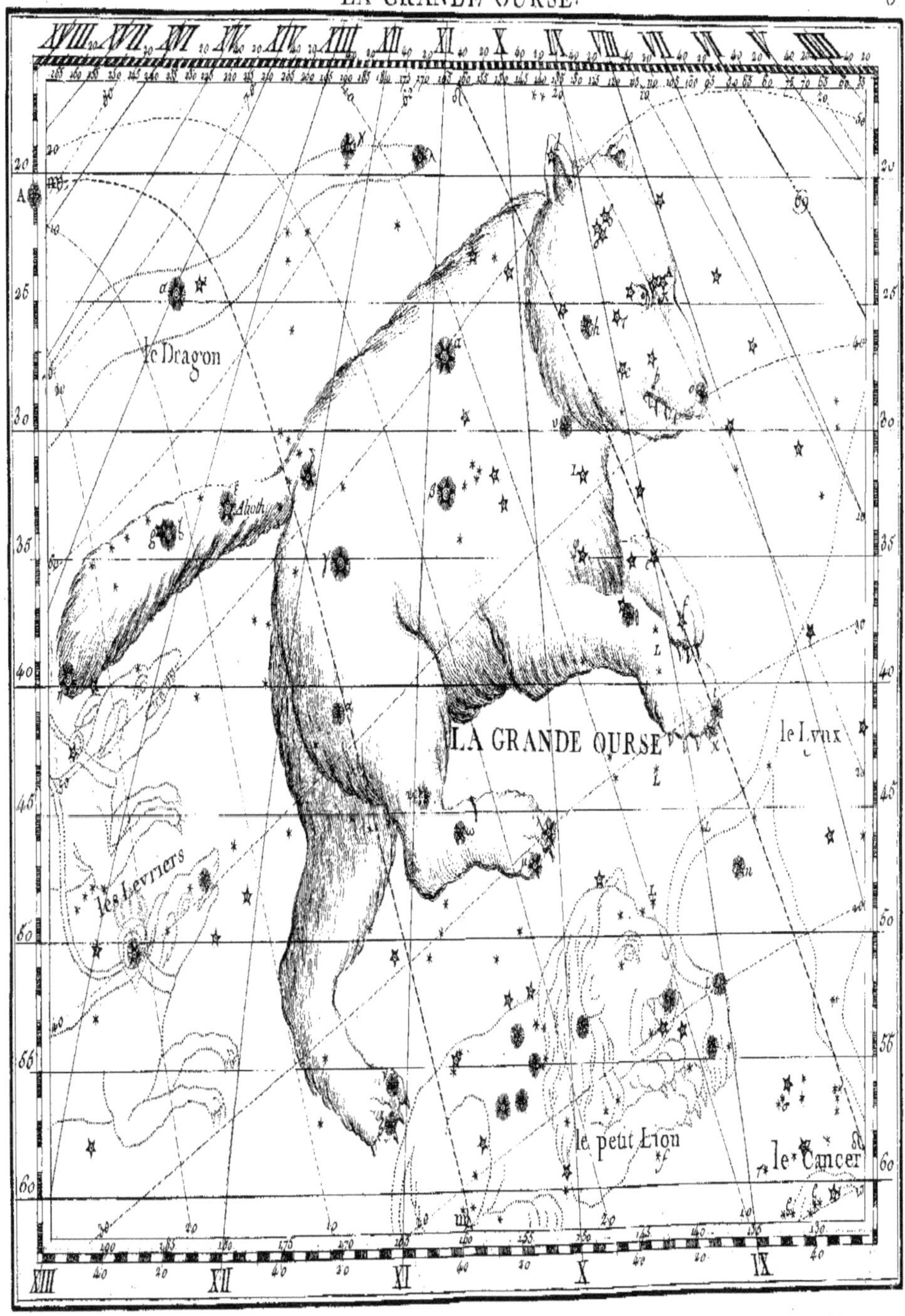
le Dragon
l'Alioth
LA GRANDE OURSE
le Lynx
les Levriers
le petit Lion
le Cancer

LE BOUVIER, LES LEVRIERS, LA CHEVELURE de BERENICE.

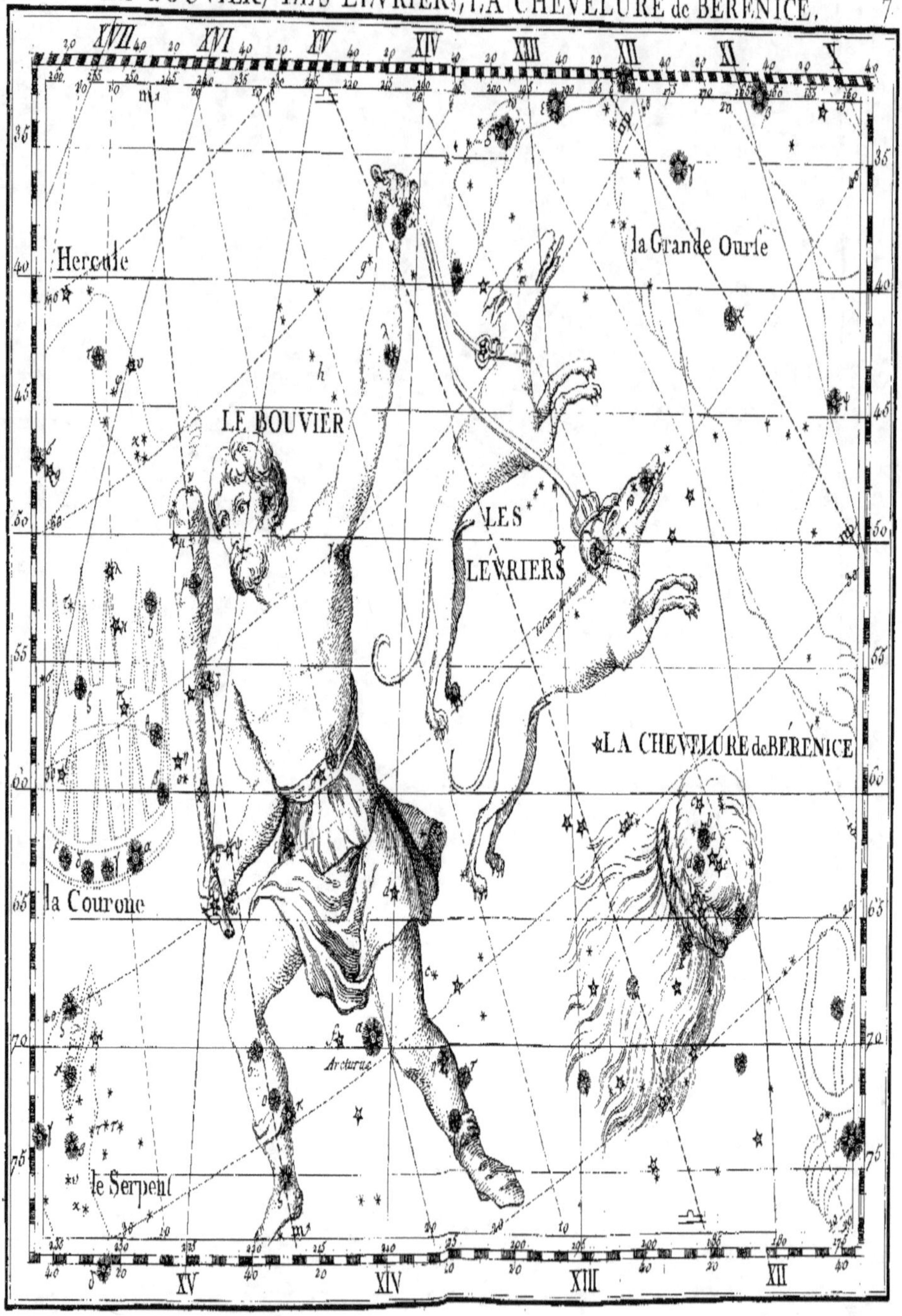
XVII
XVI
XV
XIV
XIII
XII
XI
X
Hercule
la Grande Ourse
LE BOUVIER
LES
LEVRIERS
LA CHEVELURE de BÉRÉNICE
la Courone
Arcturus
le Serpent

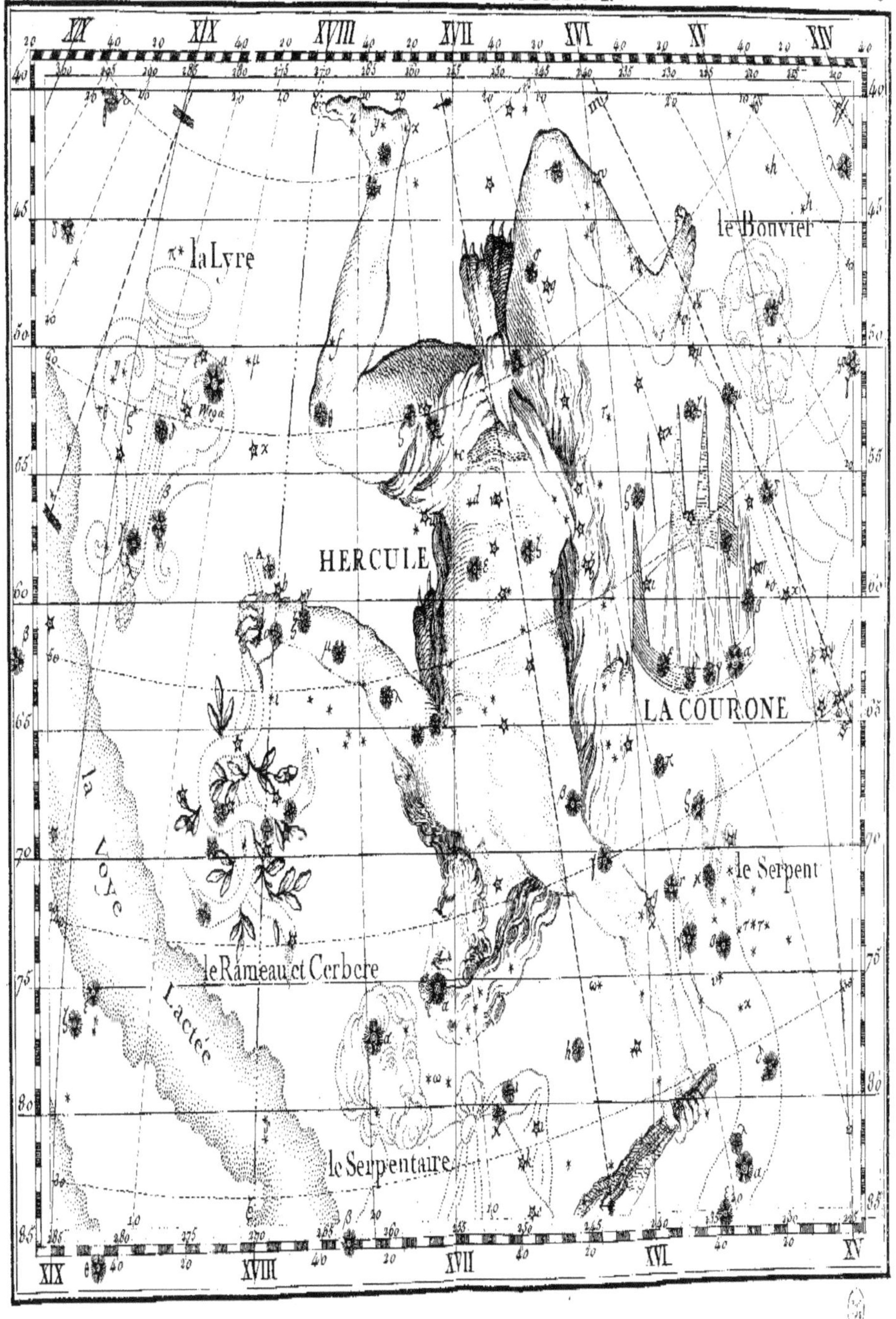
la Lyre
le Bouvier
HERCULE
LA COURONE
le Serpent
la Voye
Lactée
le Rameau et Cerbere
le Serpent
le Serpentaire

LE SERPENTAIRE et LE SERPENT.

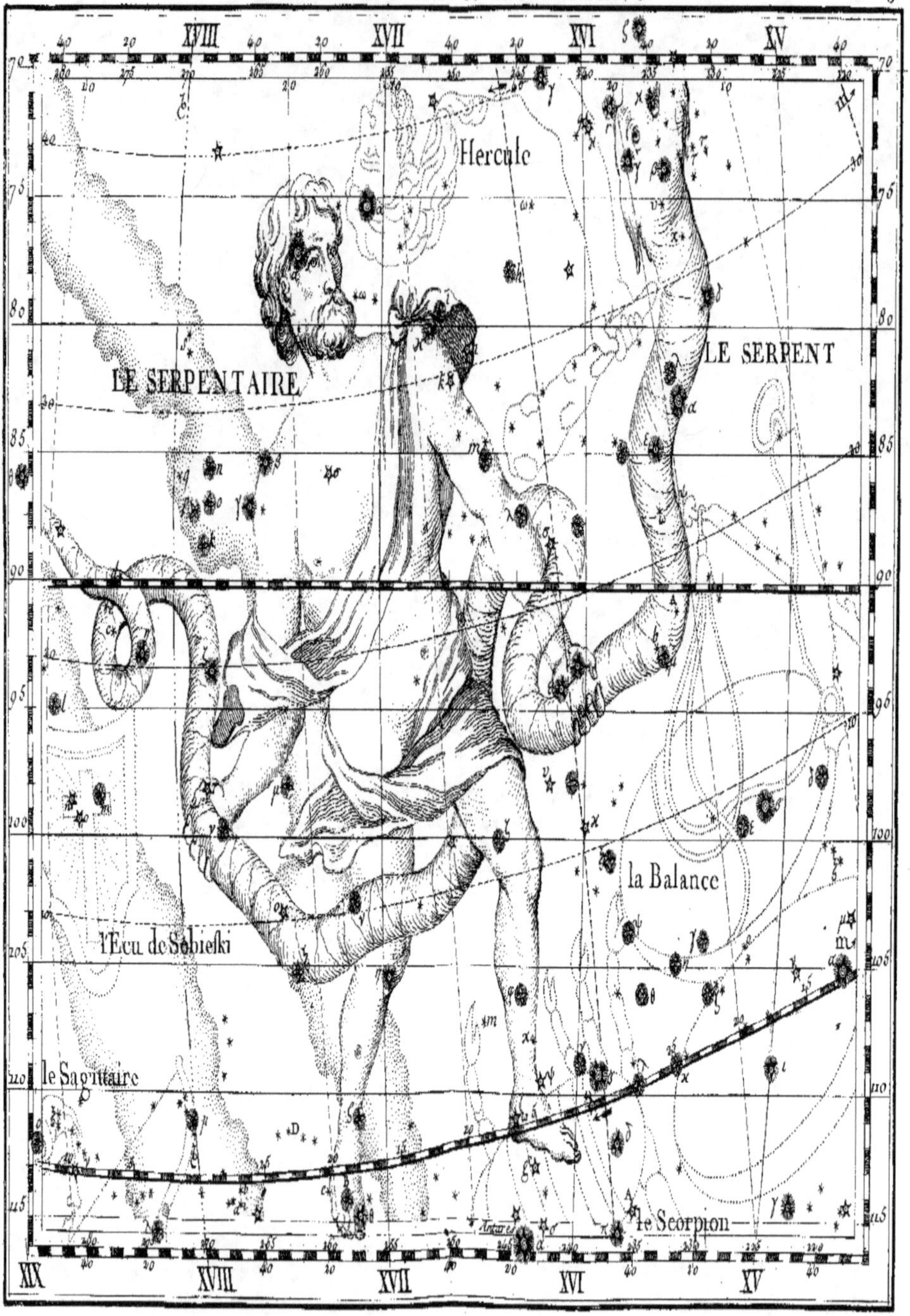
Hercule
LE SERPENTAIRE
LE SERPENT
l'Ecu de Sobieski
la Balance
le Sagittaire
le Scorpion
Antares
XIX
XVIII
XVII
XVI
XV

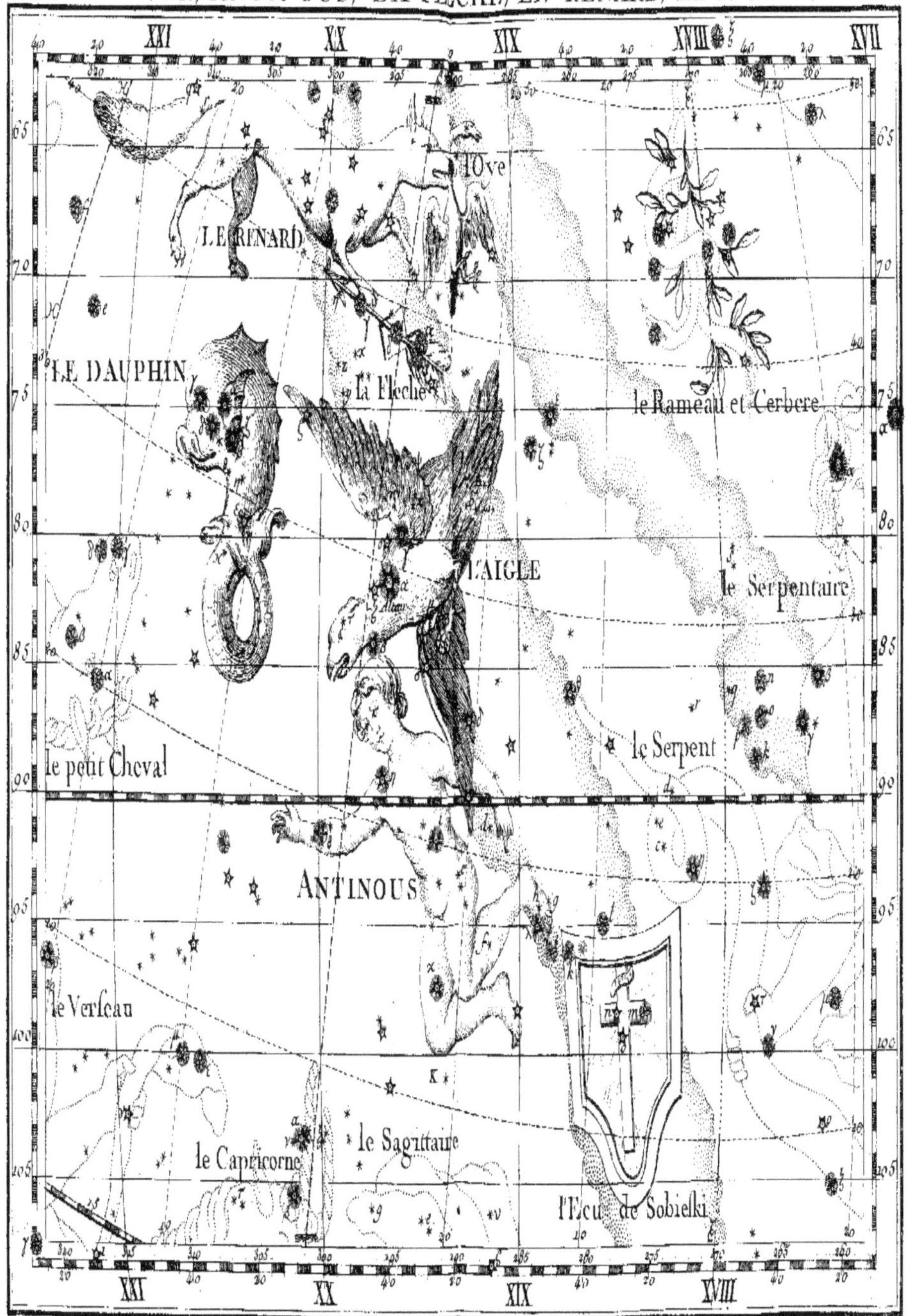
LE RENARD
l'Oye
LE DAUPHIN
La Flèche
le Rameau et Cerbere
L'AIGLE
le Serpentaire
le petit Cheval
le Serpent
ANTINOUS
le Verſeau
le Capricorne
le Sagittaire
l'Ecu de Sobielki

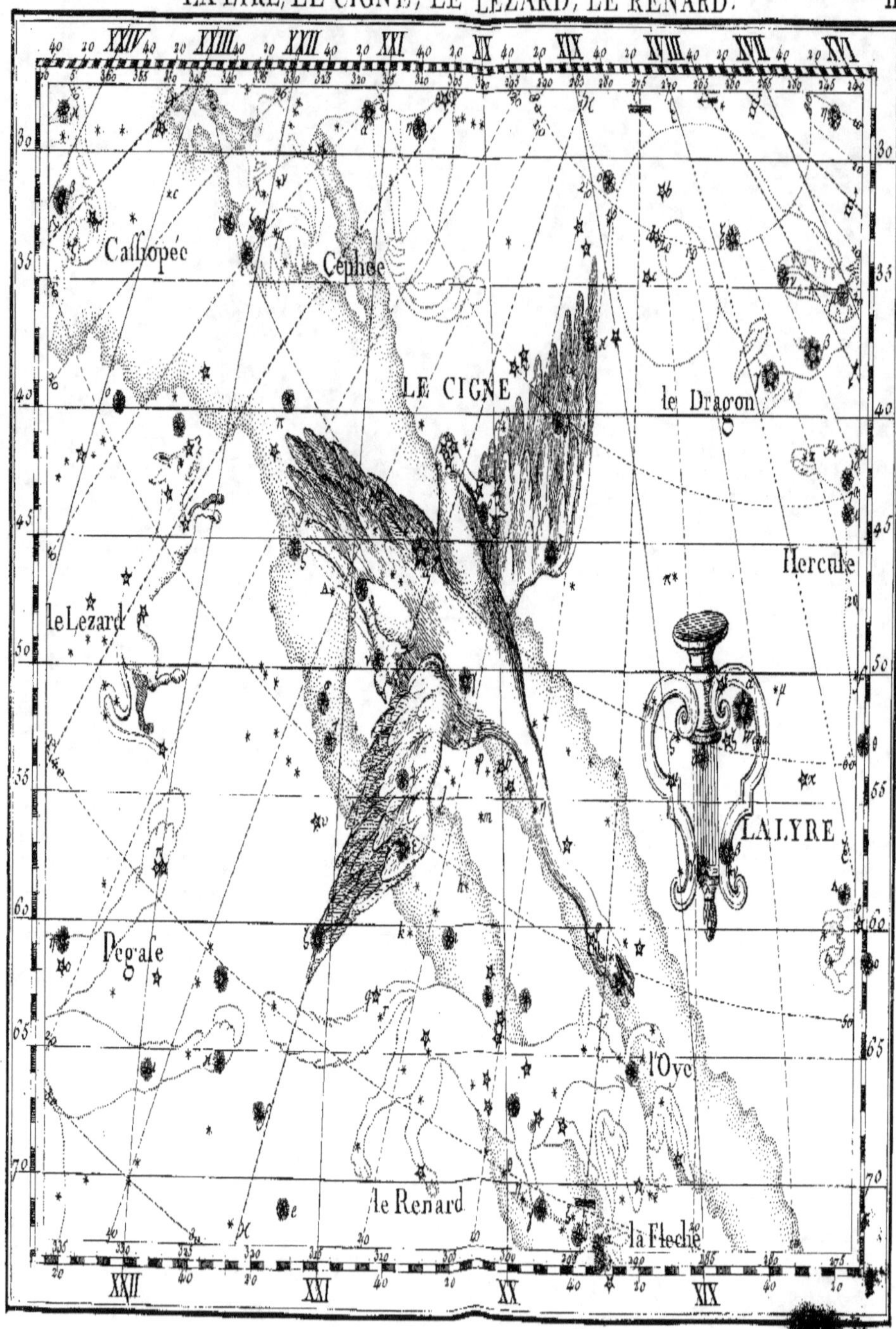

Caſſiopée
Céphée
LE CIGNE
le Dragon
le Lezard
Hercule
LA LYRE
Pegaſe
l'Oye
le Renard
la Fleche

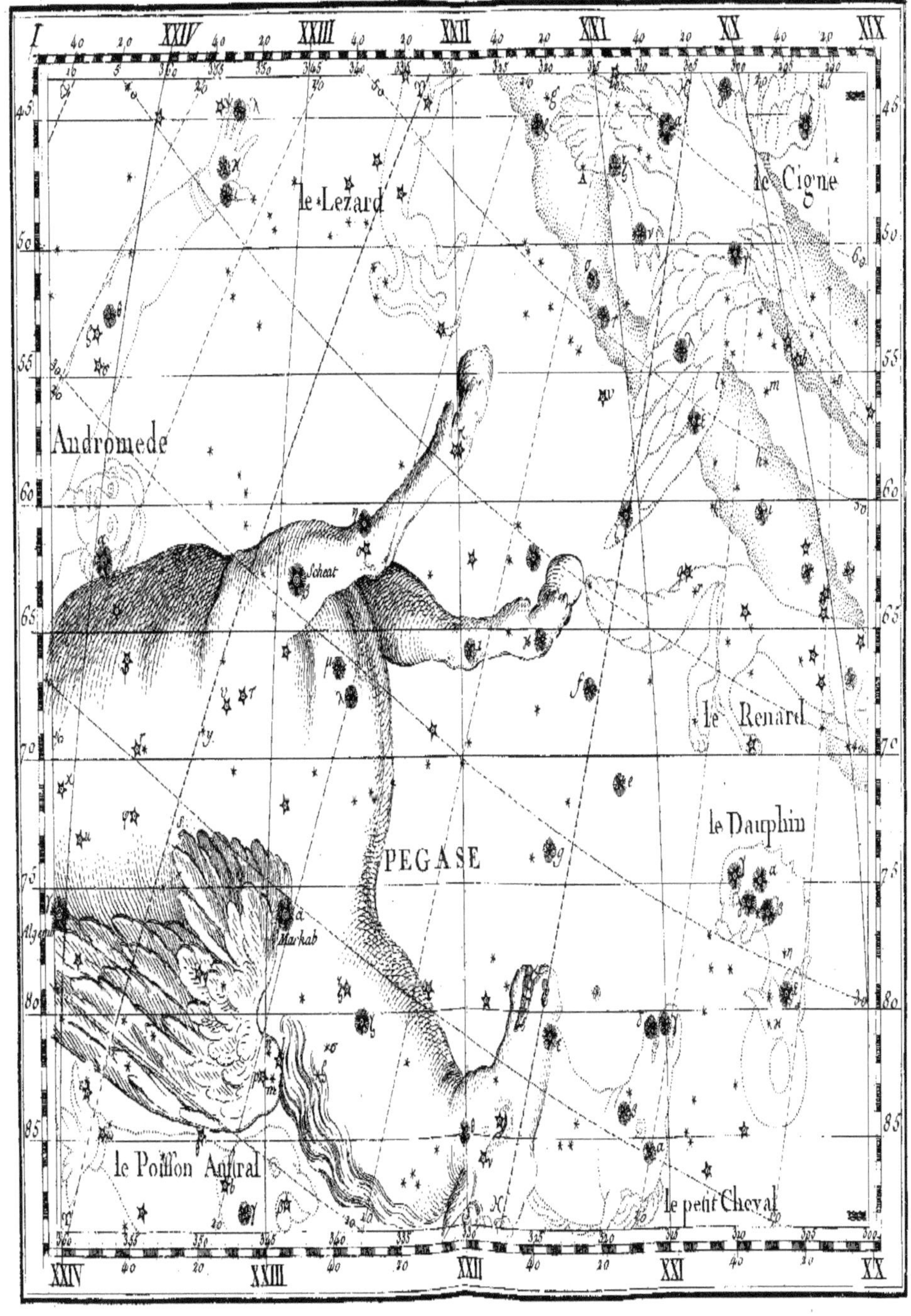
le Lezard
le Cigne
Andromede
Scheat
le Renard
le Dauphin
PEGASE
Algenil
Markab
le Poisson Austral
le petit Cheval

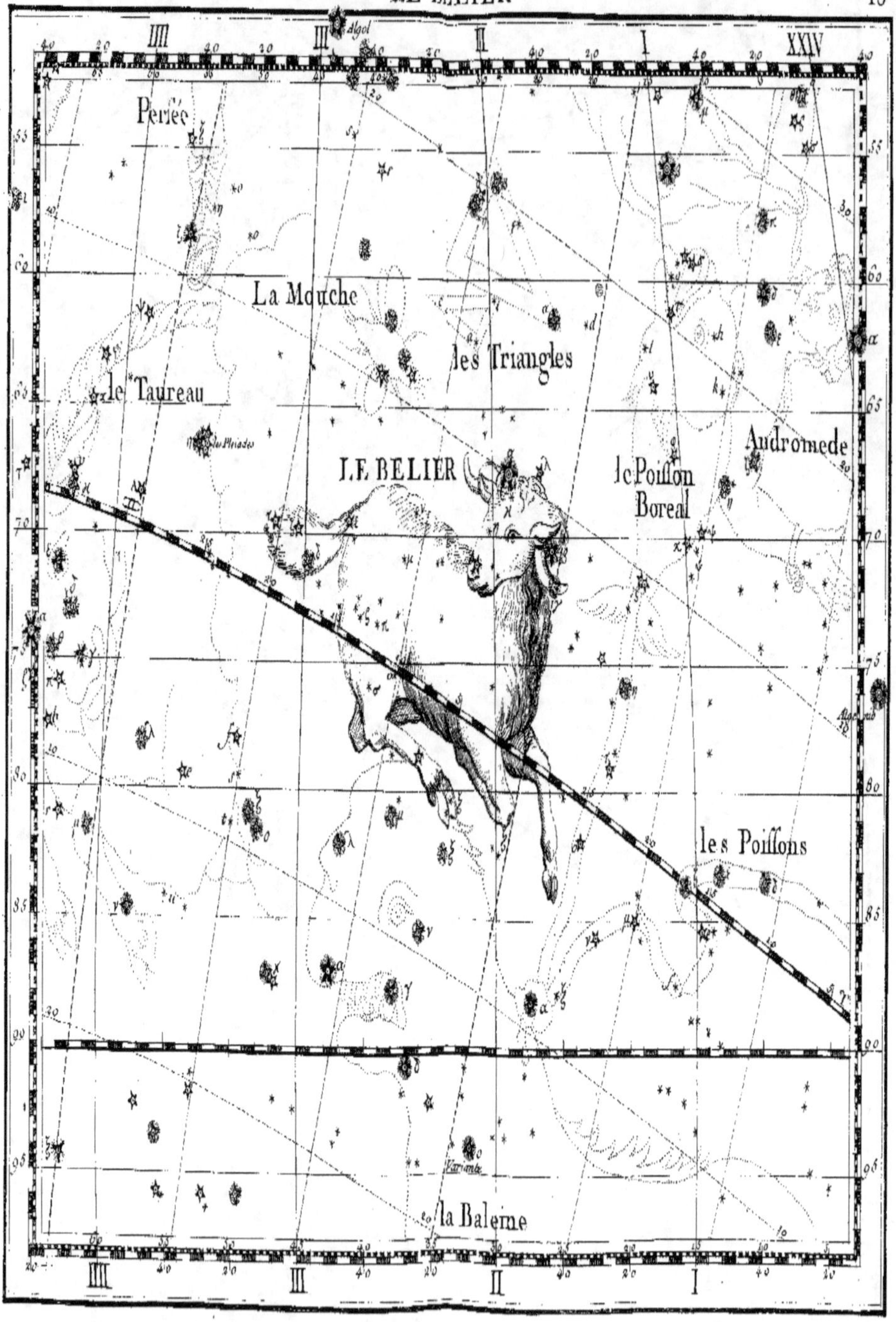

Persée
Algol
La Mouche
les Triangles
le Taureau
les Pléiades
Audromede
LE BELIER
le Poisson
Boreal
les Poissons
Algenib
la Baleine

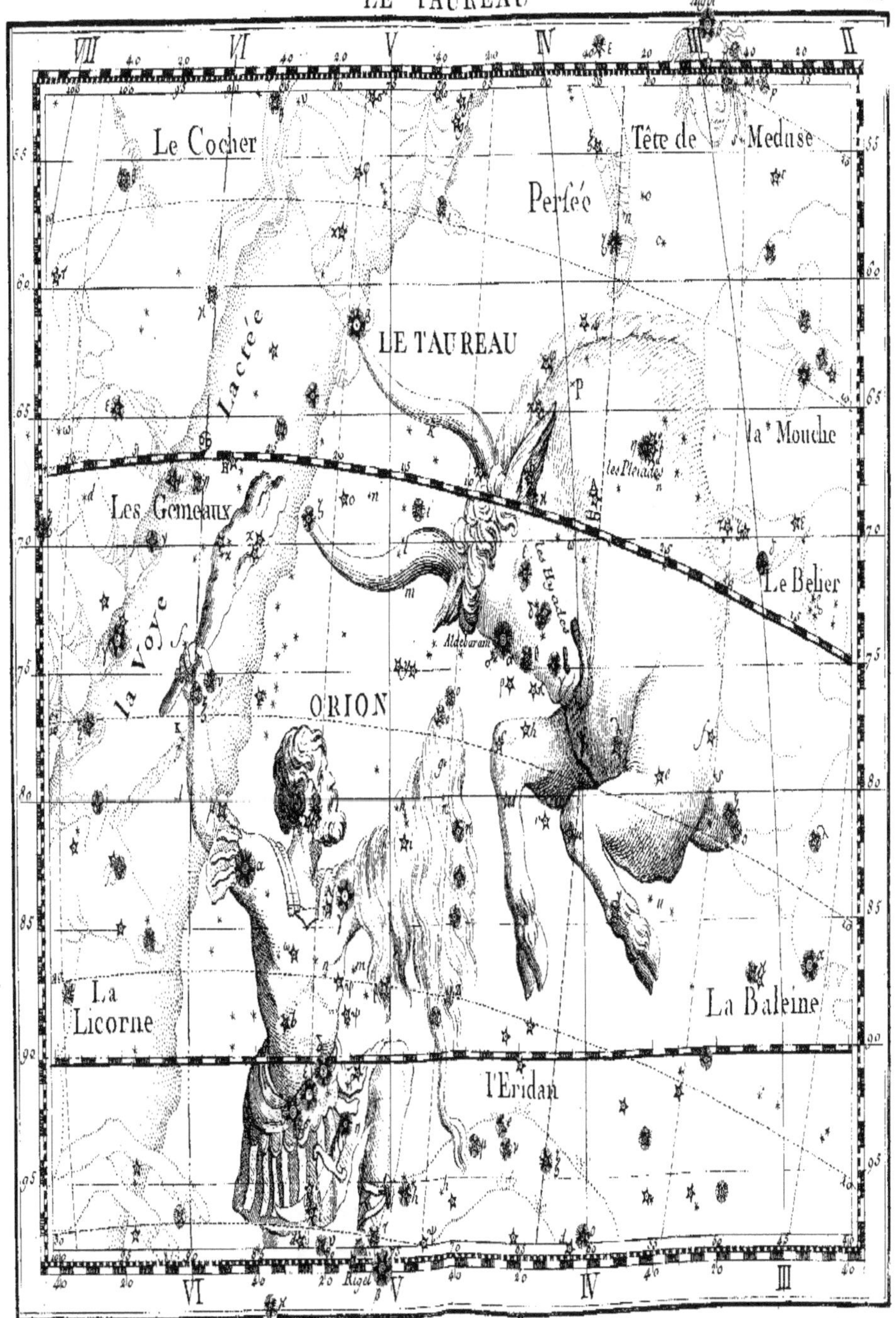
Algol
Le Cocher
Tête de Méduse
Persée
Lactée
LE TAUREAU
la Mouche
les Pléiades
Les Gemeaux
la Voye
Le Bélier
les Hyades
Aldebaran
ORION
La Licorne
La Baleine
l'Eridan
Rigel

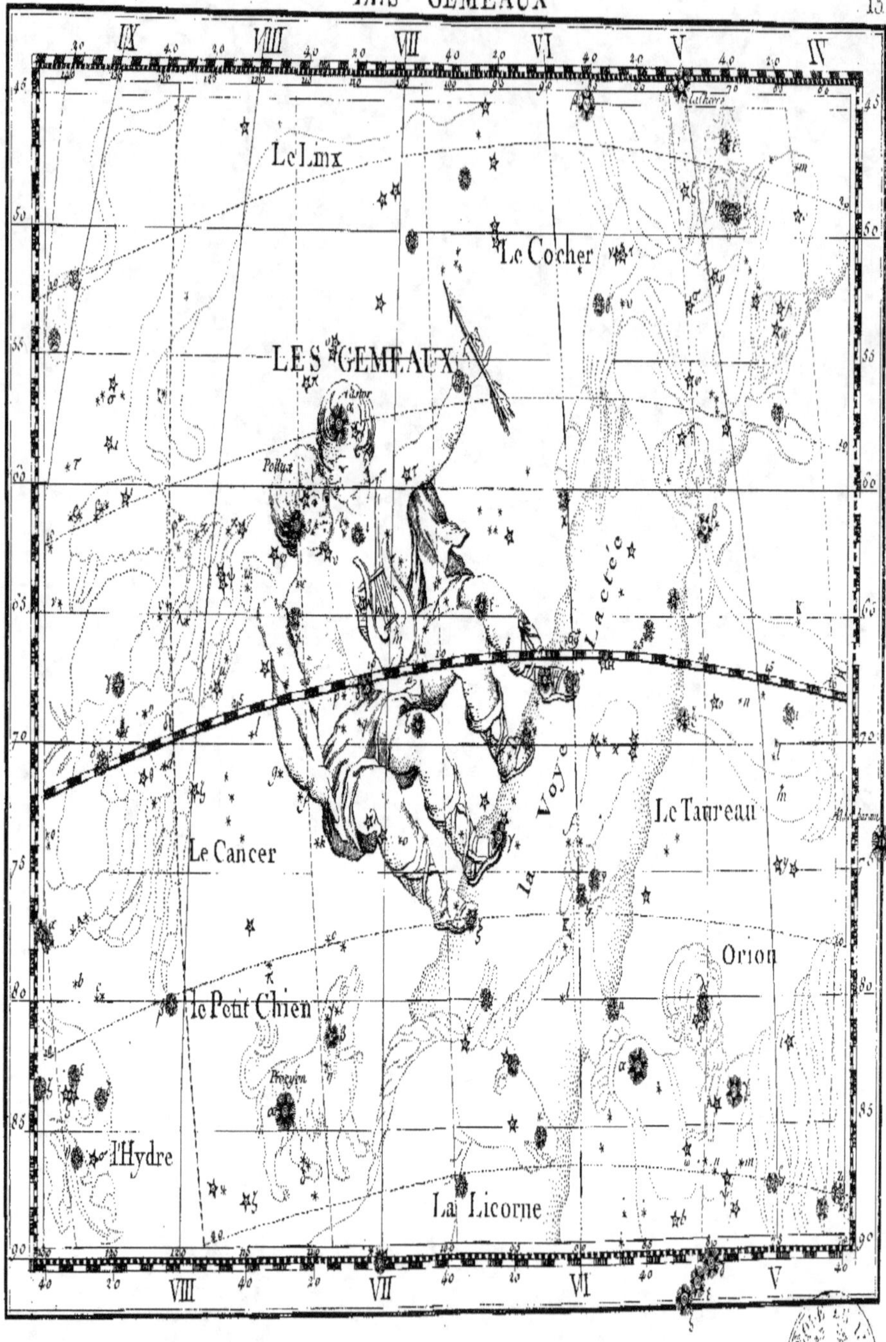
Le Lynx
Le Cocher
LES GEMEAUX
Castor
Pollux
la Voye Lactée
Le Cancer
Le Taureau
Orion
Le Petit Chien
Procyon
l'Hydre
La Licorne

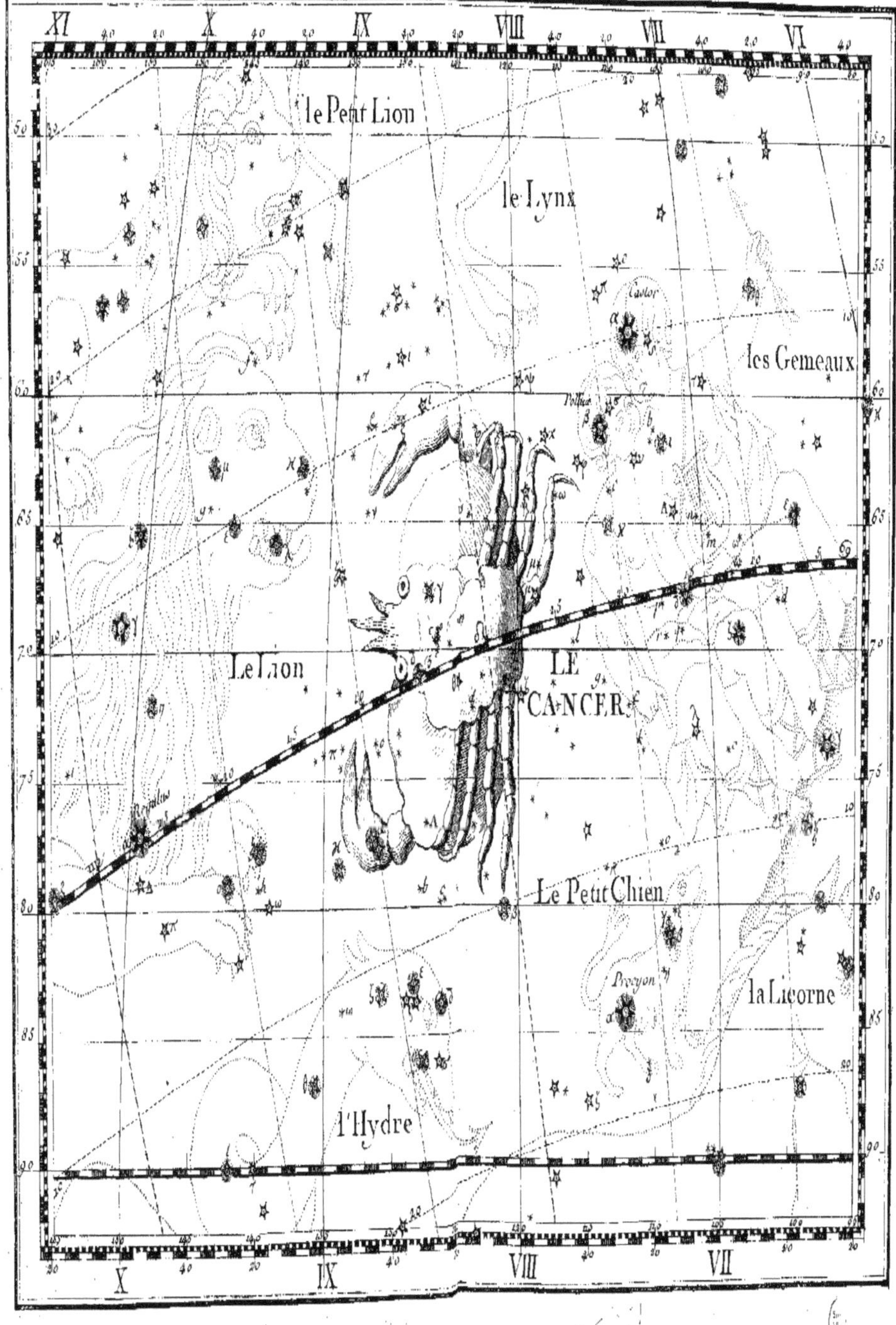
XI
X
IX
VIII
VIII
VI
le Petit Lion
le Lynx
Castor
les Gemeaux
Pollux
Le Lion
LE CANCER
Regulus
Le Petit Chien
Procyon
la Licorne
l'Hydre
X
IX
VIII
VII

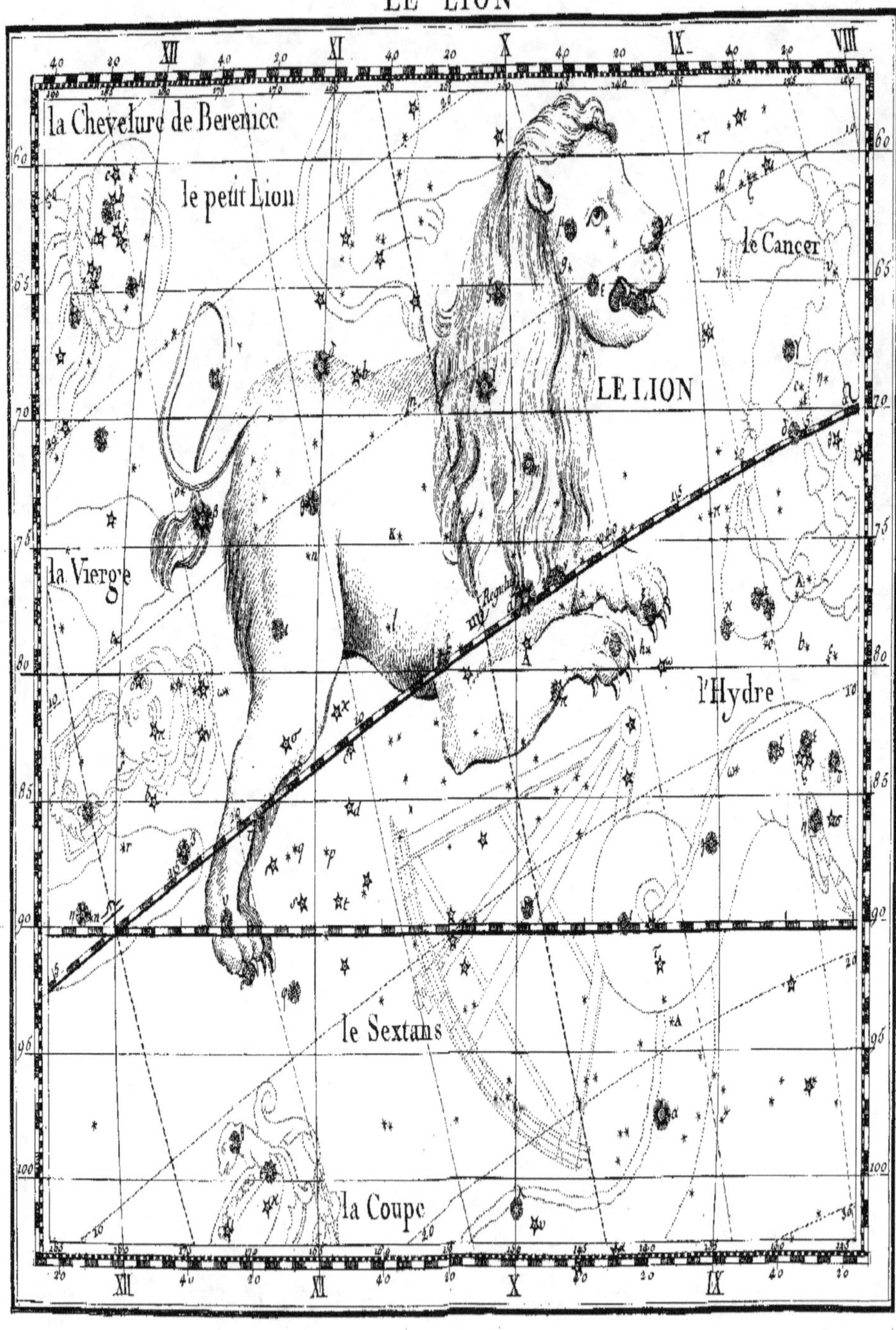
la Chevelure de Berenice
le petit Lion
le Cancer
LE LION
la Vierge
l'Hydre
le Sextans
la Coupe

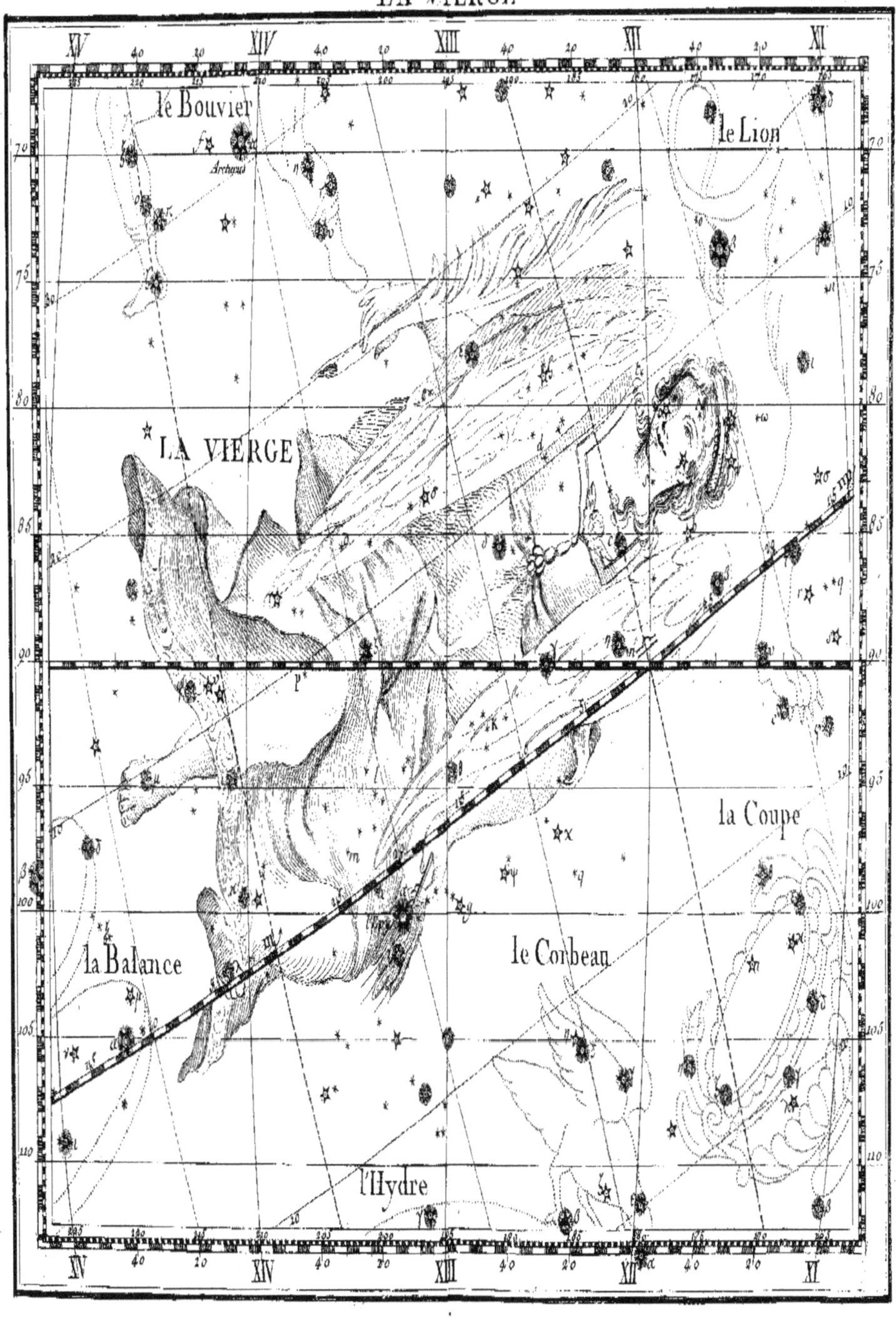

le Bouvier
Arctura
le Lion
LA VIERGE
la Coupe
la Balance
le Corbeau
l'Hydre

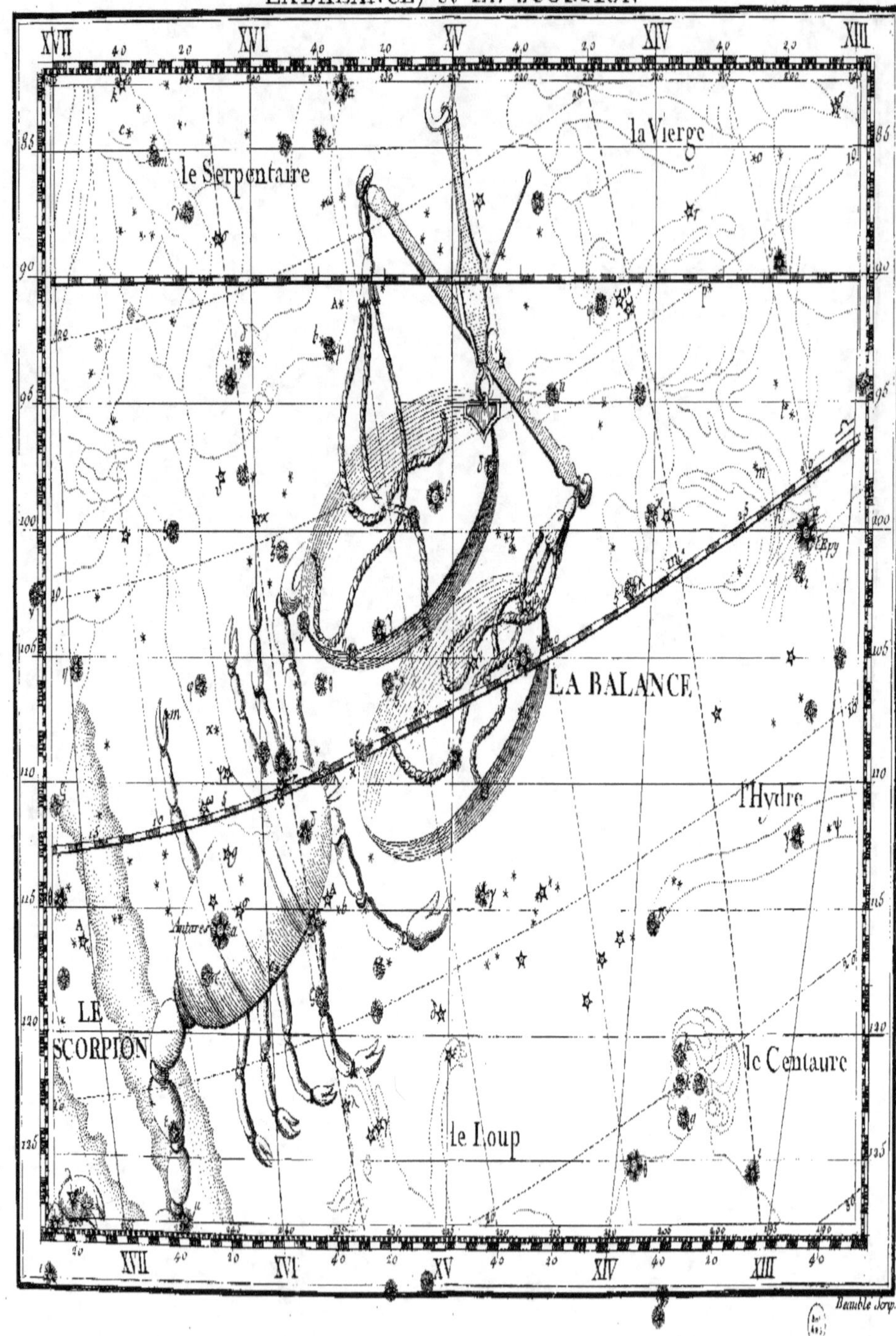
le Serpentaire
la Vierge
LA BALANCE
l'Hydre
LE SCORPION
le Centaure
le Loup
Antares
Beauble Sculp.

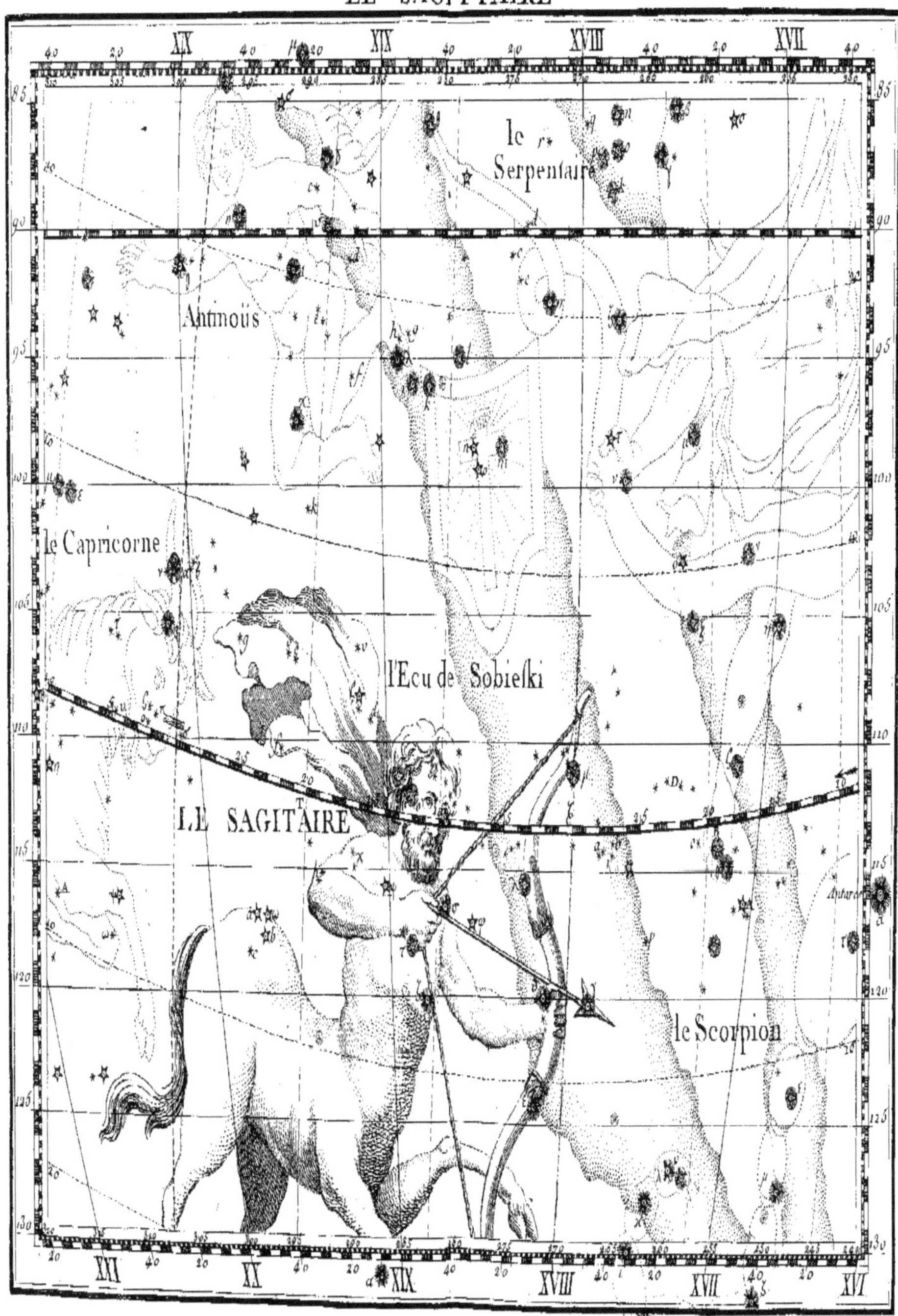
le Serpentaire
Antinoüs
le Capricorne
l'Ecu de Sobieski
LE SAGITAIRE
le Scorpion

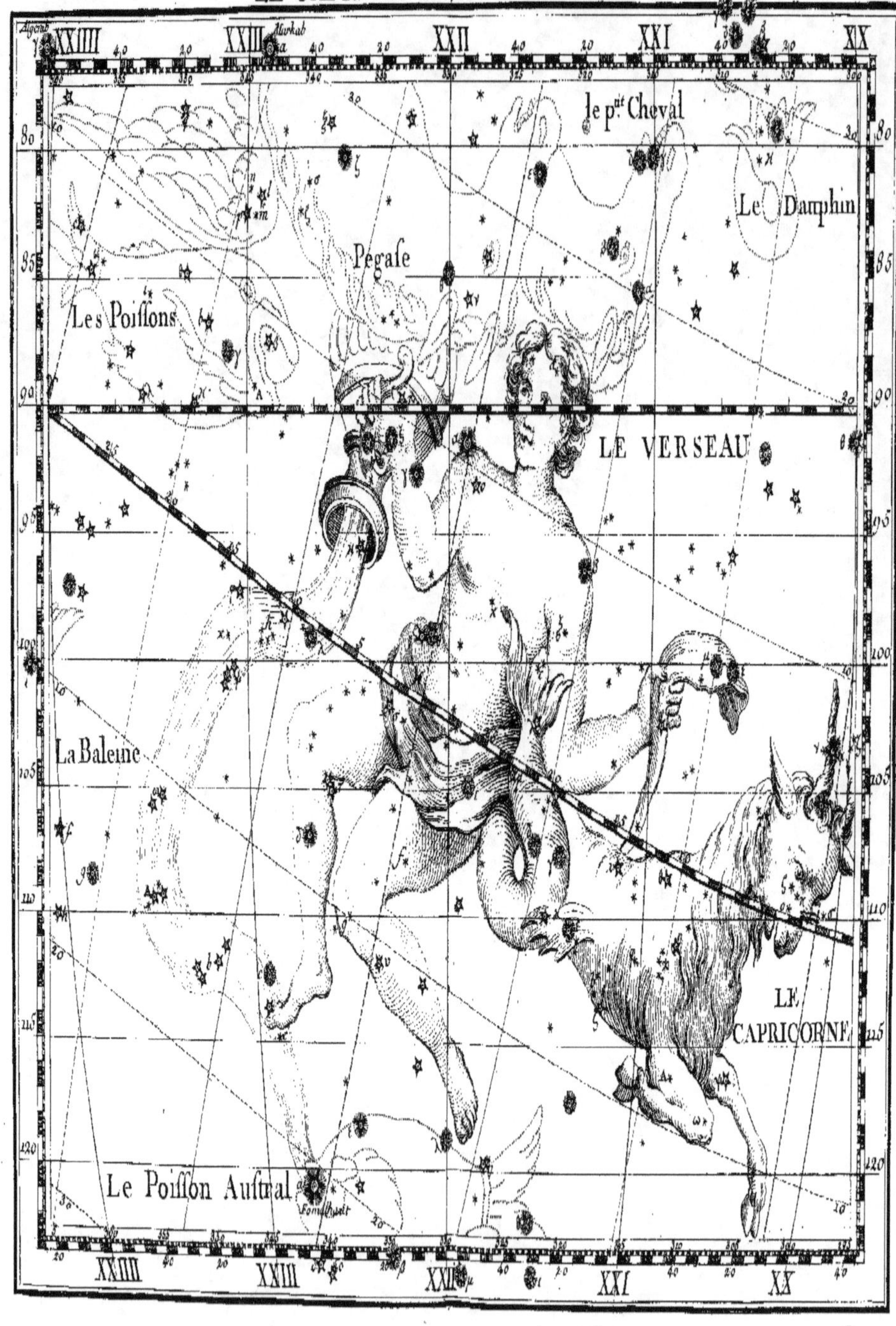
Algenib
XXIIII 40 20 XXIII Markab 40 20 XXII 40 20 XXI 40 20 XX
le pᵗ Cheval
Le Dauphin
Pegase
Les Poissons
LE VERSEAU
La Baleine
LE CAPRICORNE
Le Poisson Austral
Fomalhaut
XXIIII XXIII XXII XXI XX

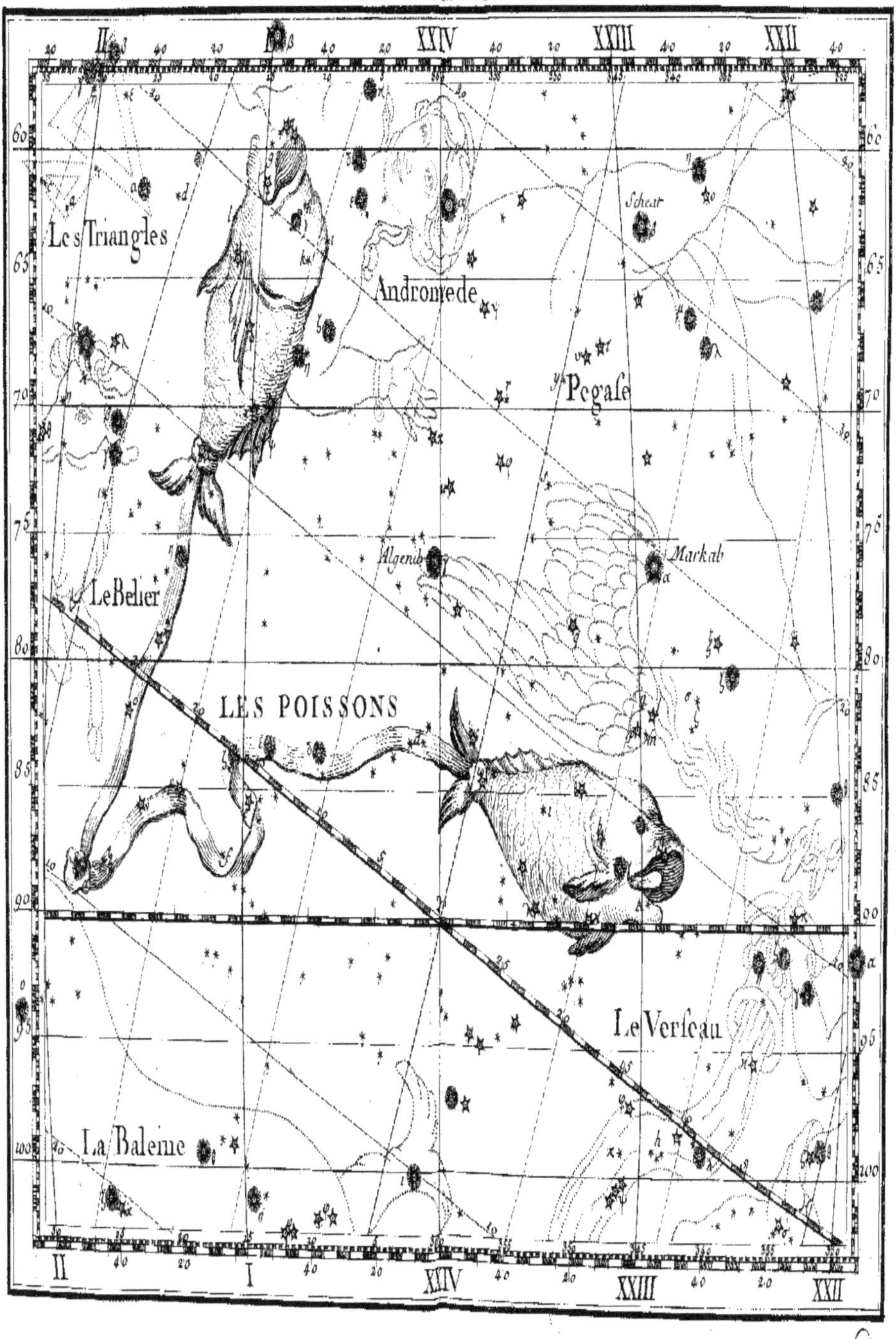

Les Triangles
Andromede
Pegase
Scheat
Markab
Algenib
LeBelier
LES POISSONS
Le Verseau
La Baleine
II
XXIV
XXIII
XXII
I

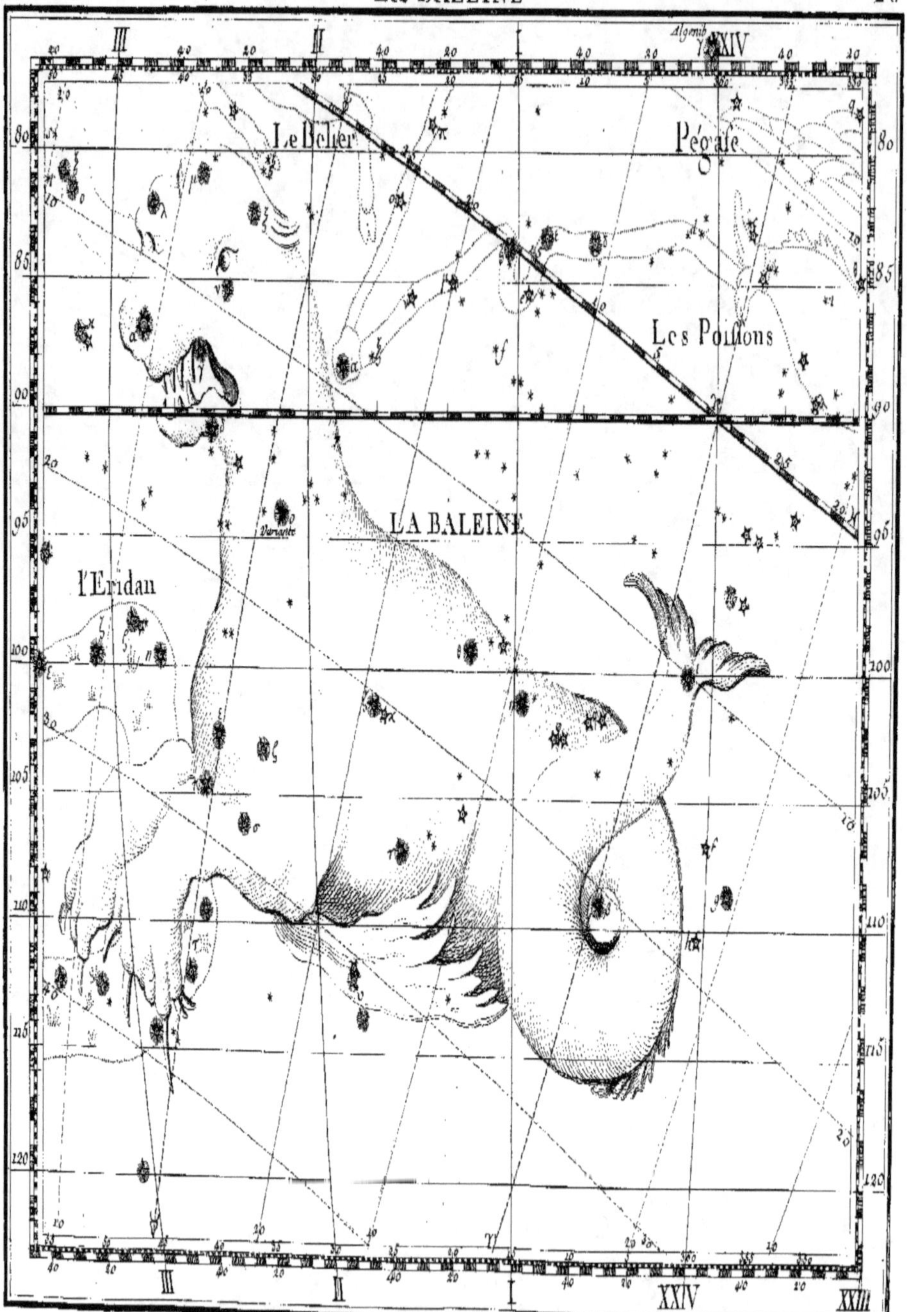

III
II
XXIV
Algenib
Le Belier
Pégase
Les Poissons
LA BALEINE
l'Eridan
Variante
III
II
I
XXIV
XXIII

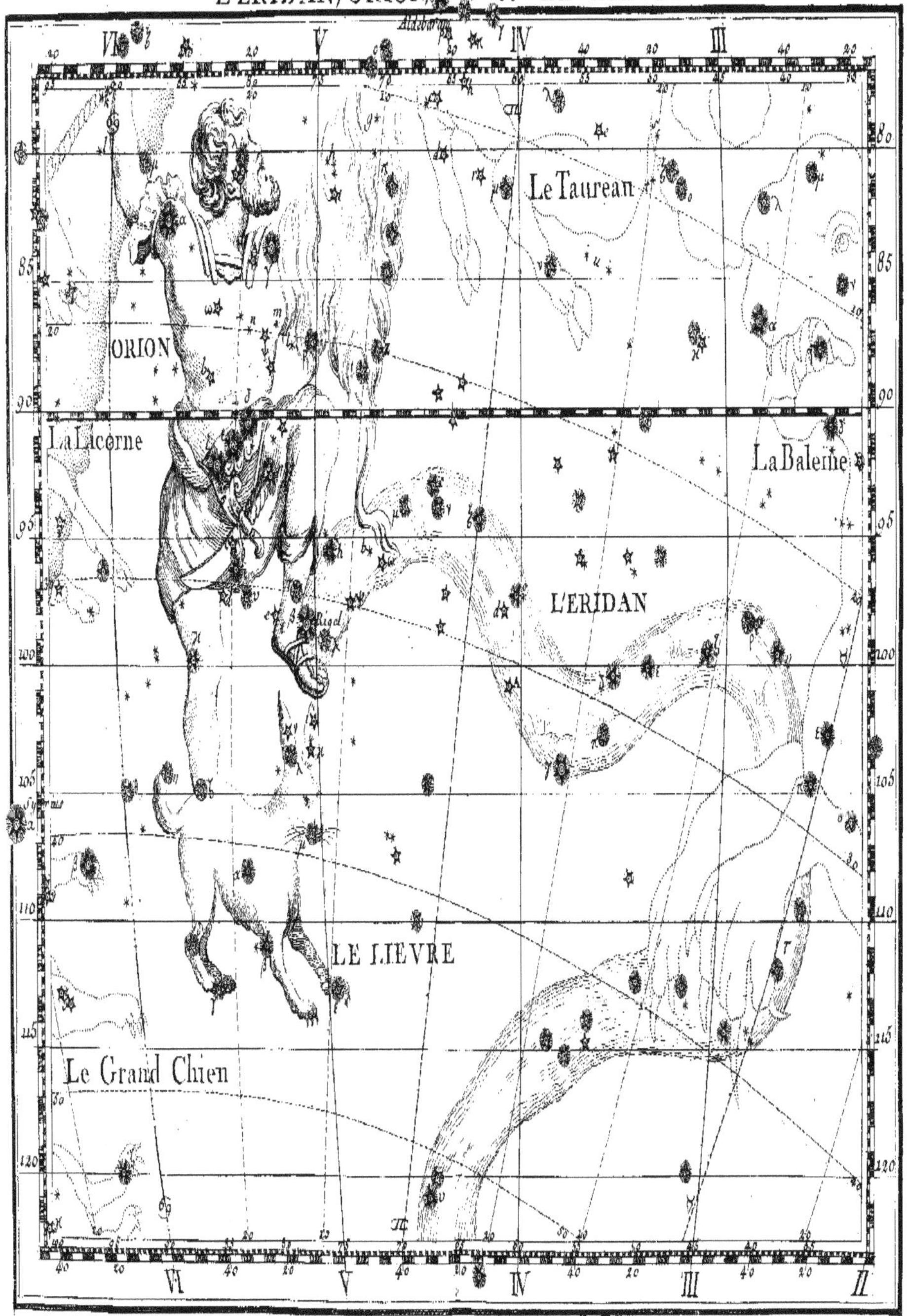
VI
V
IV
III
Aldebaran
Le Taurean
ORION
La Licorne
La Baleine
L'ERIDAN
LE LIEVRE
Le Grand Chien
VI
V
IV
III
II

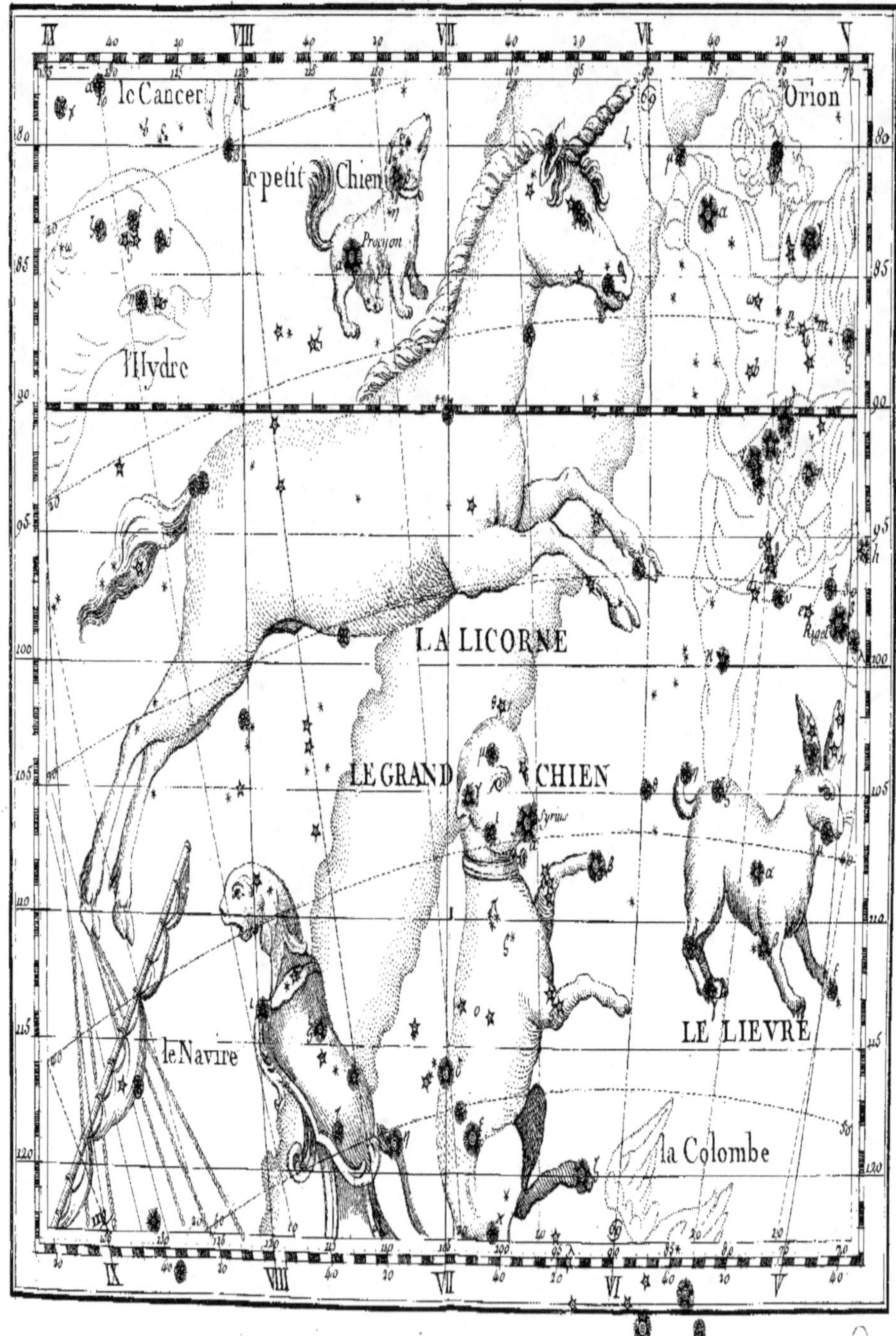
le Cancer
le petit Chien
Procyon
Orion
l'Hydre
Rigel
LA LICORNE
LE GRAND CHIEN
Sirius
LE LIEVRE
le Navire
la Colombe

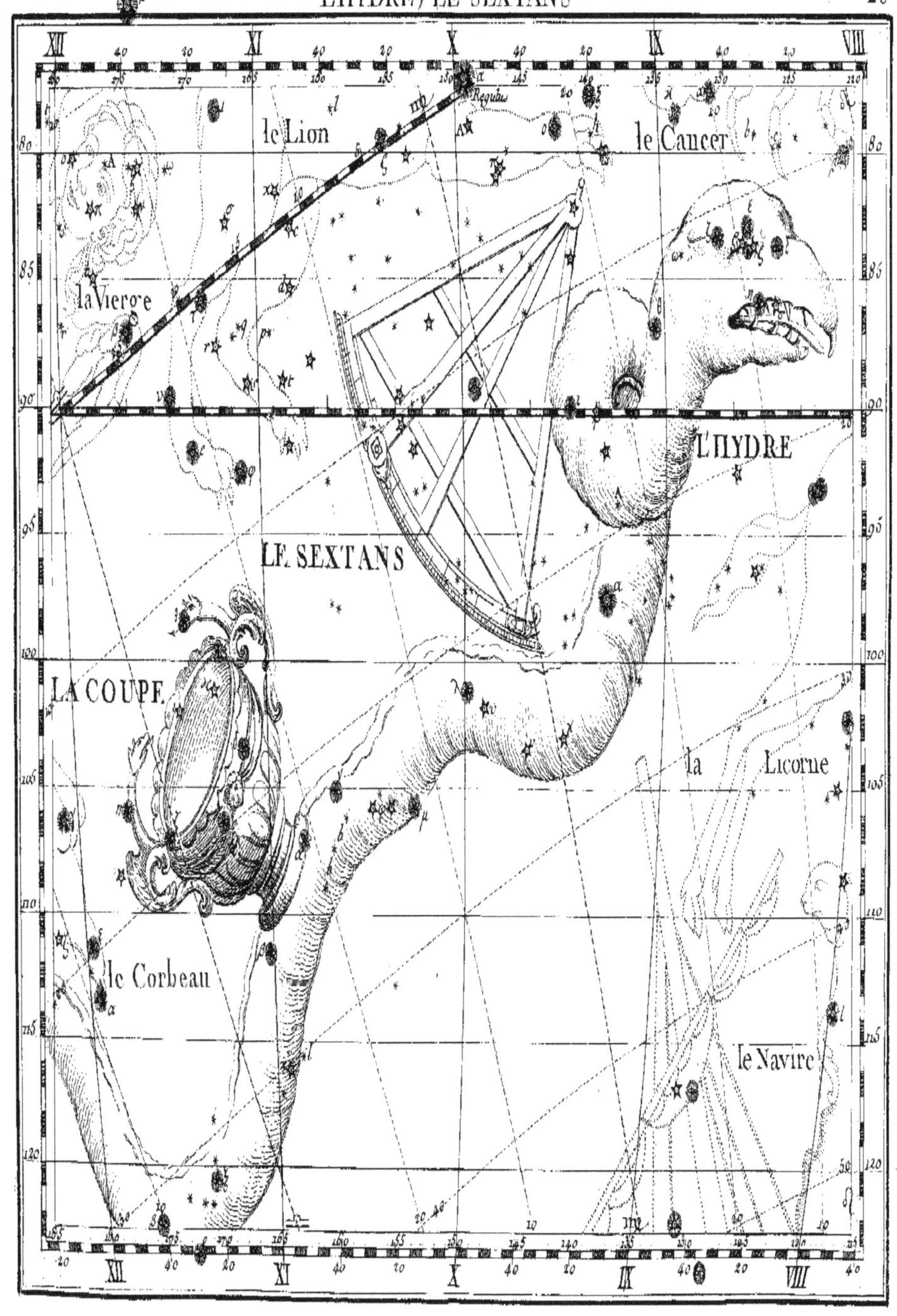
le Lion
le Cancer
la Vierge
L'HYDRE
LE SEXTANS
LA COUPE
la Licorne
le Corbeau
le Navire
Regulus

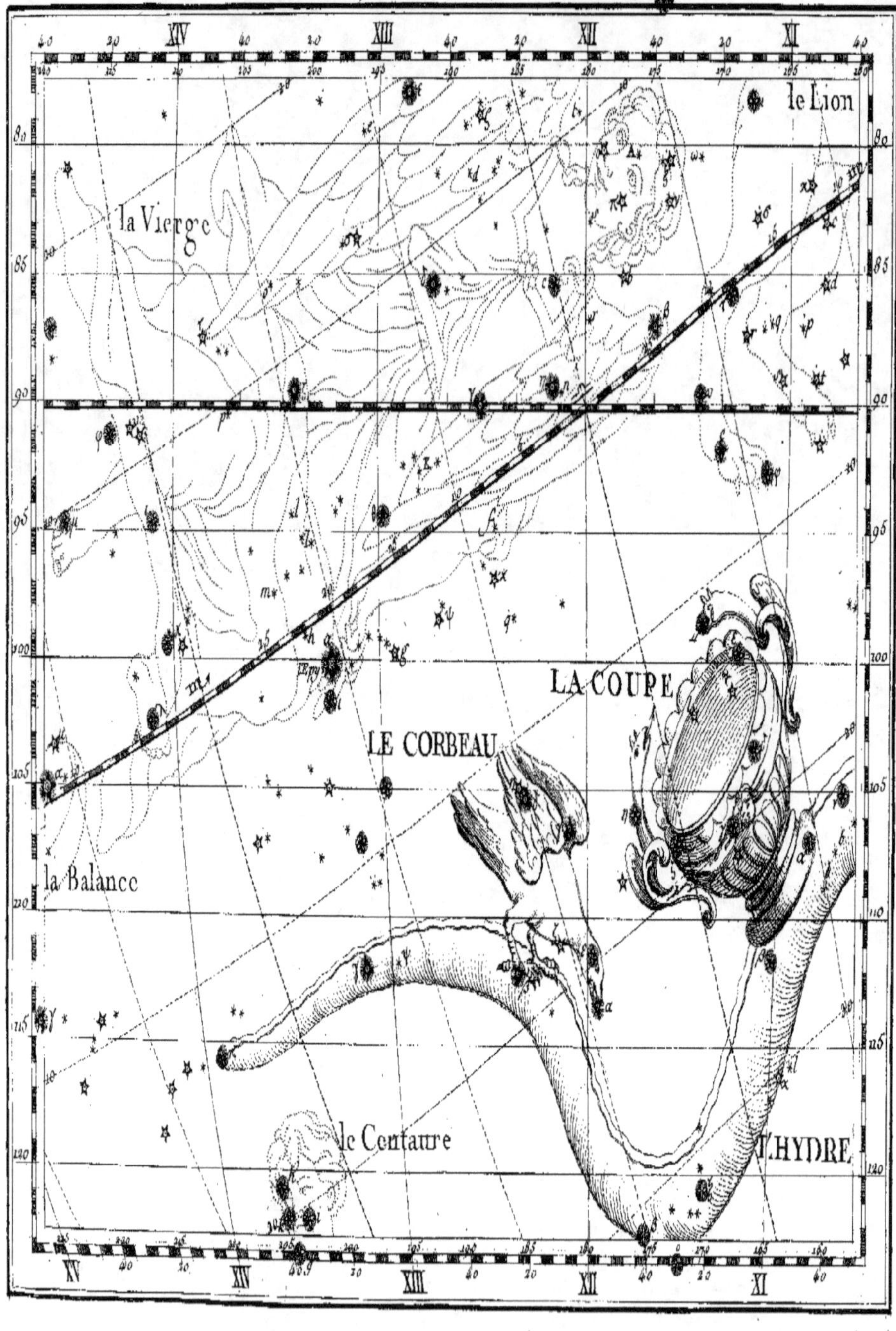
le Lion
la Vierge
LA COUPE
LE CORBEAU
la Balance
le Centaure
L'HYDRE

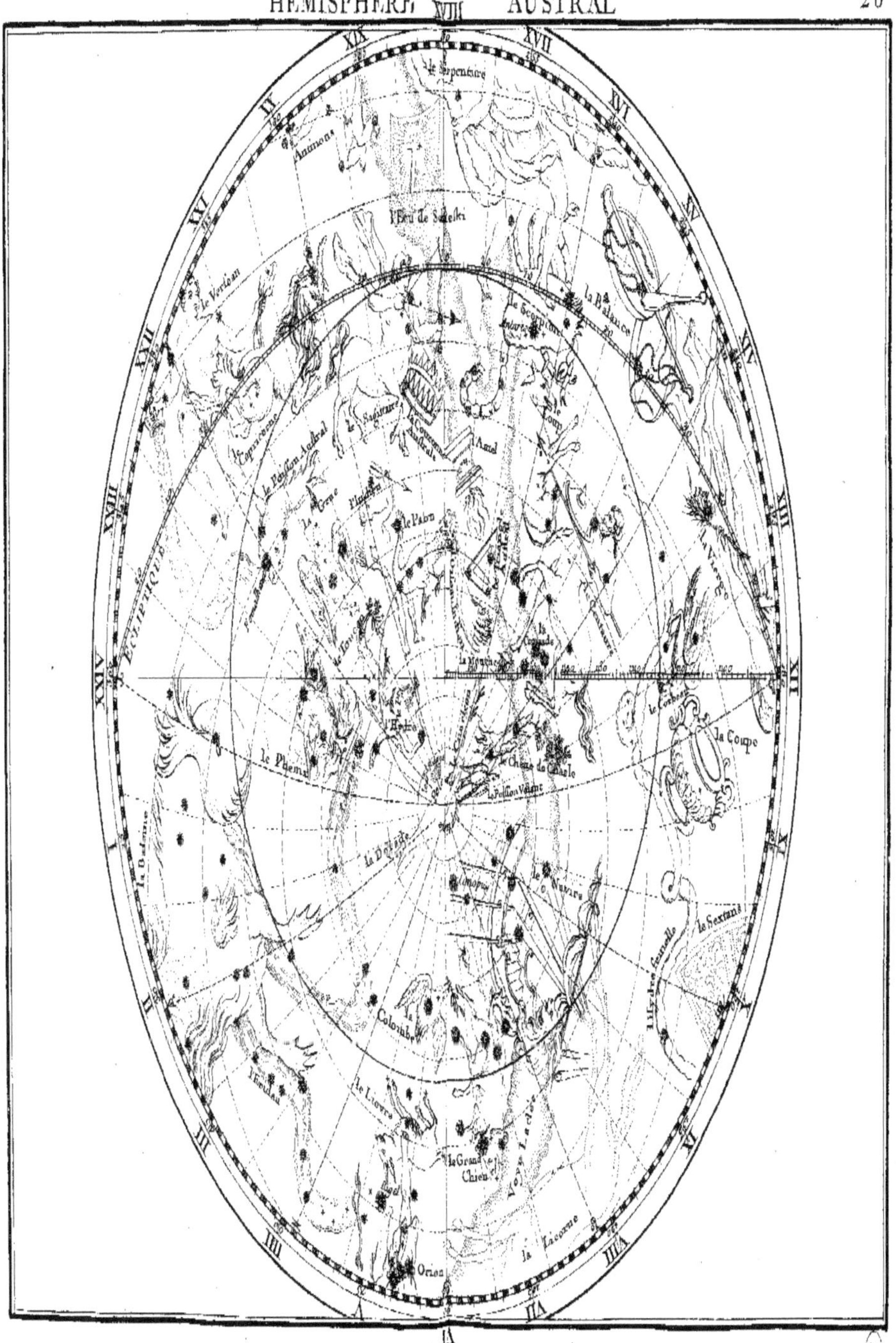

HEMISPHERE AUSTRAL
le Serpentaire
Ammon
l'Eau de Sanezki
le Verseau
la Balance
le Scorpion
Antinoüs
Loup
Autel
le Capricorne
le Sagitaire
le Poisson Austral
l'Indien
la Grue
le Paon
la Couronne
l'Hydre
la Coupe
le Phénix
le Chien de Chasse
le Poisson Volant
l'Octans
la Dorade
le Sextant
la Boussole
l'Horloge
le Navire
la Burre Tourellle
l'Eridan
Colombe
le Lievre
le Grand Chien
Orion
la Licorne

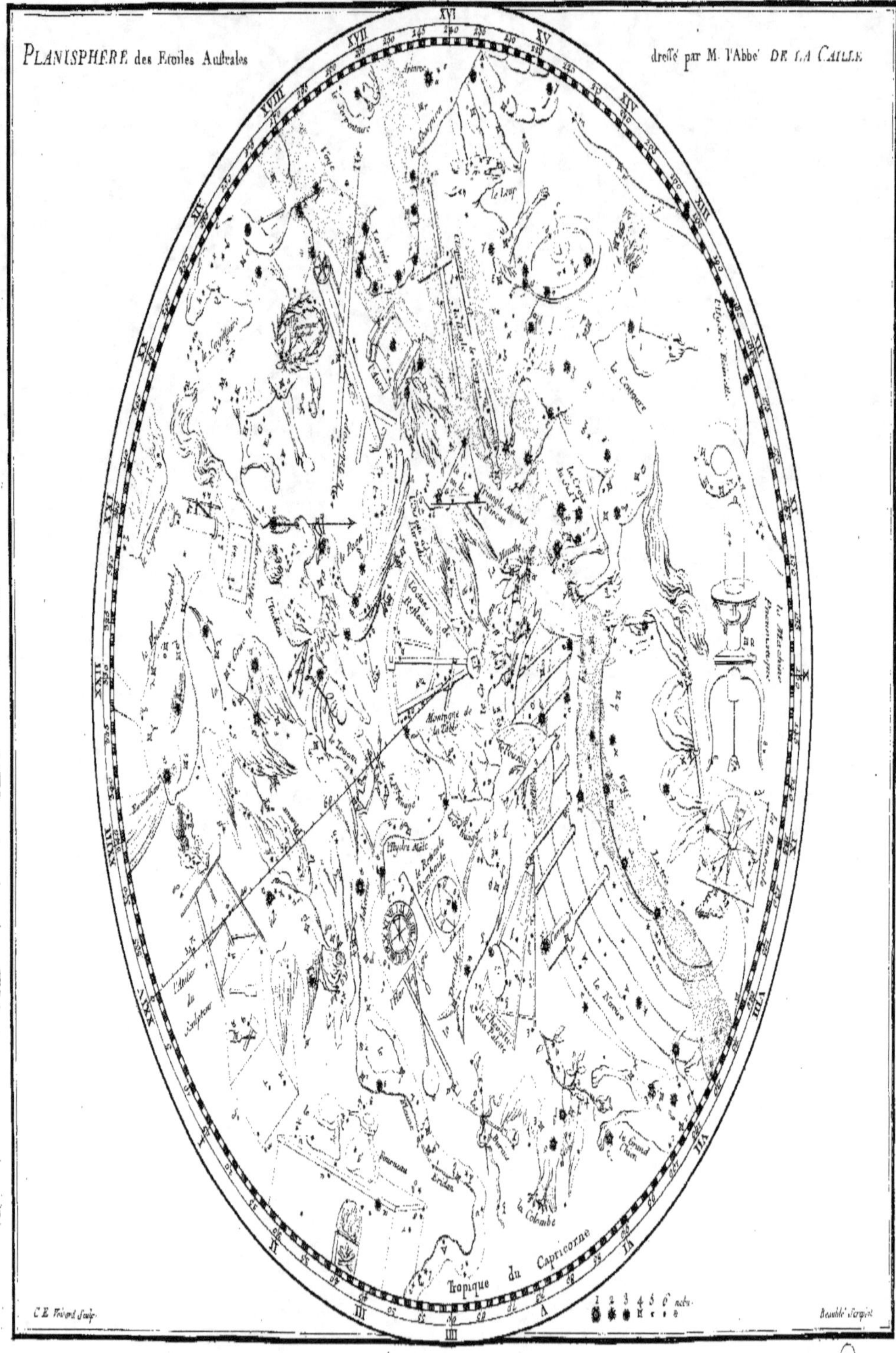

PLANISPHERE des Etoiles Australes
dreſſé par M. l'Abbé DE LA CAILLE
Tropique du Capricorne

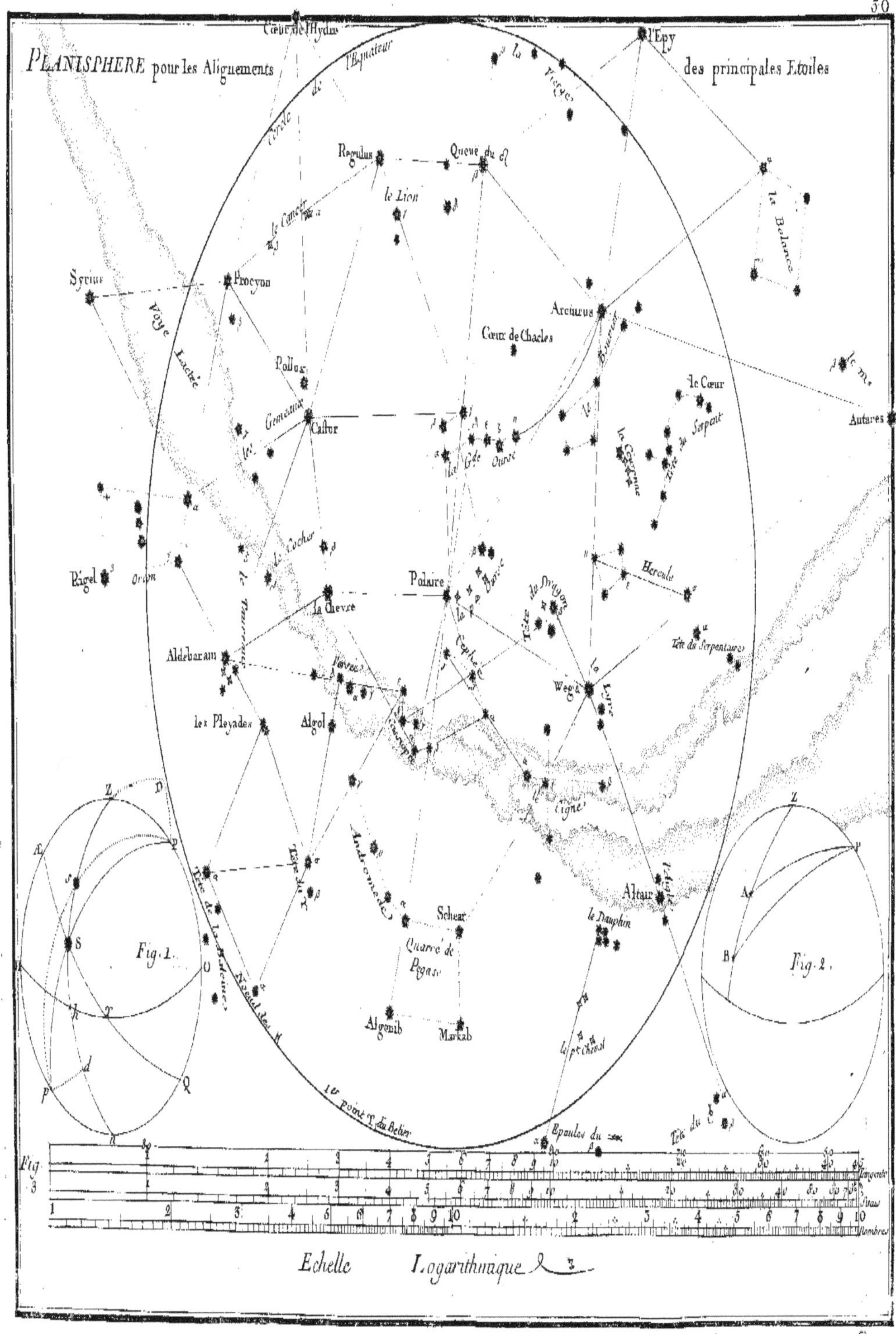

PLANISPHERE pour les Alignements
des principales Etoiles
Cœur de l'Hydre
l'Epy
l'Equateur
la Vierge
Cercle de
Regulus
Queue du ♌
le Lion
la Balance
Syrius
Procyon
Arcturus
Cœur de Charles
le Cancer
Voye Lactée
le Cœur
la Couronne
Tête du Serpent
Pollux
Gémeaux
Castor
Gde Ourse
Autares
le Bouvier
le Cocher
Orion
Hercule
Rigel
Polaire
l'Etoile
Tête du Dragon
Tête du Serpentaire
La Chevre
Aldebaram
Persée
Céphée
Wega
La Lyre
les Pleyades
Algol
le Taureau
Cigne
Andromede
Tête du ♈
Altaïr
Z
p
p
Schear
le Dauphin
Quarre de
Pegase
S
Fig. 1.
O
A
B
Fig. 2.
Nœud des ♈
Algenib
Markab
le p.t cheval
le pt. cheval
P
Q
n
d
Z
1er Point ♈ du Belier
Epaules du ♒
Tête du ♑
Fig
3
Tangente
Sinus
1   2   3   4   5   6   7   8   9   10   2   3   4   5   6   7   8   9 10
Nombre
Echelle   Logarithmique

DU CATALOGUE
DES ÉTOILES.

LE CATALOGUE fuivant eſt celui de M. Bradeley que nous avons extrait du Nautical Almanach; mais nous avons réduit les Aſcenſions droites & les diſtances au Pole Boréal pour l'année 1780. Le ſoin que nous avons pris pour qu'il ne ſe gliſſe aucune erreur dans les calculs, nous fait eſpérer qu'on nous ſaura quelque gré de ce travail, & qu'on ſera ſatisfait de notre exactitude.

La premiere colonne contient les lettres grecques qui ſont aſſignées à chaque étoile, avec les Numéros, du grand Catalogue Britannique, pour celles qui n'ont point de lettres, ainſi que les noms des étoiles & des conſtellations. Nous avons laiſſé en blanc les noms qu'il auroit été inutile de répéter, la conſtellation étant nommée à la premiere étoile qui lui appartient, toutes celles qui ſuivent lui appartiennent également.

L'aſtériſme * mis à côté de chaque étoile, indique que cette étoile peut être éclipſée par la Lune, en telle partie du globe qu'elle ſe trouve.

Les nombres de la 6.me colonne, intitulée Variation Annuelle en diſtance du Pole, ſont additifs pour les étoiles qui ſont dans les ſix ſignes deſcendans, depuis le 90me degré d'aſcenſion droite juſqu'au 270me, parce que ces étoiles s'éloignent du Pole Arctique. Ces nombres ſont ſouſtractifs pour les ſignes aſcendans, c'eſt-à-dire, depuis le 270.me degré juſqu'au 90me d'aſcenſion droite, parce que les étoiles qui ſont dans ces ſix derniers ſignes s'approchent du Pole dans leur variation annuelle.

Quant à la variation en aſcenſion droite, elle eſt conſtamment additive, excepté pour deux étoiles affectées du ſigne ———— moins.

NOMS DES ETOILES ET DES CONSTELLATIONS	Grandeurs	Ascension droite, moyenne & Distance du Pole Boréal, pour l'année 1780.								VARIATION ANNUELLE			
		Ascenf. droite.				Dist. du Pole.				En Asc. droite.		En dist. du Pole.	
		D.	M.	S.	10e	D.	M.	S.	10e	S.	10e	S.	10e
γ de Pegafe *Algenib*....	2	0	28	59		76	2	24	2	46	2	20	04
ɪ de la Baleine	3	1	59	56		100	3	21		46	4	20	00
* d des Poiſſons	6	2	19	26	4	83	1	52		46	27	20	40
ɑl d'Andromede	3	6	54	1	5	60	21	19	8	47	40	20	01
α de Caſſiopée	3	7	2	6	6	34	40	13	8	49	58	19	91
ß de la Baleine	3	8	8	3	4	109	11	49	8	45	22	19	86
ζ d'Andromede	4	8	55	47	2	66	55	53	6	47	46	19	82
* 20 de la Baleine	6	10	26	39	8	92	20	33	2	46	04	19	74
γ de Caſſiopée	3	10	53	47	4	30	28	41	8	52	42	19	71
* ε des Poiſſons	4	12	51	17	0	83	16	54	4	46	70	19	58
* e des Poiſſons	5	14	16	1	0	85	31	1	8	46	55	19	46
ß d'Andromede	2	14	22	10	4	55	33	4		49	52	19	45
и de la Baleine	3	14	22	51	8	101	21	10		45	19	19	45
θ de Caſſiopée	4	14	27	26		36	1	28	2	52	90	19	44
* ζ des Poiſſons	4	15	33	43		83	35	34		46	75	19	30
ɑl de Caſſiopée	3	17	53	34		30	54	47	6	56	25	19	12
θ de la Baleine	3	18	15	30		99	19	19	6	45	15	19	07
* μ Lien des Poiſſons	5	19	40	10	2	84	59	41	6	46	76	18	92
* и	4	19	56	11	6	75	47	37	4	47	88	18	88
* π	5	21	22	4	4	78	59	25	8	47	57	18	71
* 105	5.6	21	57	41	8	74	42	58	4	48	19	18	63
* γ	5	22	29	58	8	85	37	56	8	46	64	18	56
* o	5	23	26	59	6	81	57	23	8	47	28	18	41
ε de Caſſiopée	3	24	41	43	6	27	25	21	6	62	18	18	27
γ du Bélier	4	25	22	27		71	47	29		49	00	18	20
ß	3	25	37	53		70	16	28		49	25	18	10
* ɪ	6	26	20	32		73	15	51		48	80	18	00
λ	5	26	25	40	6	67	28	54		49	48	18	50
γ d'Andromede	2	27	37	12		48	44	6		54	25	17	80
α Nœud des Poiſſons	3	27	40	14	6	88	18	25		46	43	17	80
α du Bélier	2	38	42	20		67	35	9		50	60	17	60
* 19	6	30	16	22	2	75	45	35	6	48	71	17	37
* ɪ ξ de la Baleine	6	30	20	26		82	11	20	6	47	55	17	37
* ɪ θ du Bélier	5	31	28	52	4	71	7	15		49	72	17	15
o de la Baleine	3	32	3	49	2	93	59	7	2	45	41	17	04
* 2 ξ	4	34	7	16	6	82	33	38	4	47	63	16	63
ɑl	3	37	3	20	1	90	37	50		46	03	16	00
θ de Perſée	4	37	18	49	4	41	42	49	6	59	67	16	02
ε de la Baleine	3	37	13	59	4	102	48	49	6	43	42	16	02
35 du Bélier, à la Mouche	4	37	38	54		63	14	28		52	30	15	80
γ de la Baleine	3	37	59	0		87	42	0	8	46	65	15	86
* μ	4	38	16	9	2	80	49	31		48	16	15	80
π	3	36	24	56	8	104	47	59	6	42	89	15	77

NOMS DES ETOILES ET DES CONSTELLATIONS.	Grandeurs.	Ascenf. droite.				Dift. du Pole.				En Afc. droite.	En dift. du Pole.
		D.	M.	S.	10e	D.	M.	S.	10e	S. 10e	S. 10e
τ de Persée	5	39	41	37,	4	38	9	7		62, 32	15, 50
* 3 ς du Bélier	6	41	1	38,	8	72	51	53		50, 19	15, 20
n de l'Eridan	3	41	25	22,	6	99	46	56		43, 88	15, 10
* ε du Bélier	5	41	34	5,	2	69	33	4		51, 11	15, 05
γ de Persée	3	42	14	51		37	23	15,	4	63, 65	14, 93
α de la Baleine	2	42	42	2		86	47	5,	5	46, 90	14, 70
ß de Meduse *Algol*	2	43	29	6		49	54	23,	4	57, 70	14, 63
* δ du Bélier	4	44	46	10,	4	71	7	6,	8	50, 97	14, 31
* ζ	5	45	34	27,	2	69	46	57,	8	51, 41	14, 11
12 de l'Eridan	3	45	40	45,	8	119	52	10,	6	37, 94	14, 07
ζ de l'Eridan	3	46	17	28		99	38	54,	6	43, 70	13, 92
α de Persée	2	47	10	50		40	56	16,	6	63, 00	13, 72
* 2 τ du Bélier	6	47	31	58		70	3	29,	6	51, 50	13, 62
* f du Taureau	5	49	43	17		77	49	49		49, 45	13, 05
17 de l'Eridan	4	49	55	36		95	50	35		44, 50	13, 00
δ de Persée	3	51	50	11,	2	42	56	0,	2	63, 01	12, 49
* b des *Pleyades*	5	52	57	48,	2	66	35	40,	6	53, 06	12, 17
* c	5	53	2	15,	8	66	14	13,	2	53, 19	12, 14
δ de l'Eridan	3	53	10	56,	8	100	31	30,	4	43, 19	12, 08
* d des *Pleyades*	5	53	19	41,	8	66	45	4,	8	53, 04	12, 06
* n	3	53	37	51,	1	66	35	22		53, 13	12, 00
γ de l'Eridan	2	56	56	33,	8	104	8	46,	8	41, 94	11, 01
λ de Persée	4	57	34	7		40	15	51,	8	66, 05	10, 86
* A Col du Taureau	5	57	55	37,	4	68	32	2,	2	52, 82	10, 74
* φ	5	61	42	53,	2	63	11	32,	2	55, 06	9, 60
* γ	3	61	49	26		74	55	9		50, 90	9, 60
* χ	5	62	18	25,	2	64	54	23		54, 46	9, 40
* 1 δ des *Hyades*	4	62	34	9		72	59	21,	7	51, 60	9, 34
* 2 δ	4	62	51	37		73	4	52		51, 60	9, 25
* 1 κ à la tête	5	63	4	19,	6	68	13	32,	4	53, 28	9, 18
* 1 κ	4	63	5	3,	2	68	19	10,	6	53, 26	9, 17
* 3 δ des *Hyades*	6	63	11	48,	4	72	35	28,	4	51, 77	9, 13
* 1 υ à la tête	5	63	17	33		67	42	6		53, 50	9, 10
* ε	3	63	56	53		71	19	28		52, 20	8, 90
* 1 θ au nez du Taureau	4	64	0	24,	8	74	32	31,	6	51, 14	8, 87
* 2 θ	4	64	1	49,	8	74	38	1,	6	51, 14	8, 87
* α *Aldebaram*	1	65	49	46,	9	73	56	54		51, 41	8, 30
* τ	5	67	16	1,	4	67	28	56,	2	53, 82	7, 84
1 π d'Orion	4	69	39	35,	4	81	29	32,	8	48, 97	7, 06
7 de la Giraffe	5	69	55	36,	4	36	37	23,	8	71, 42	7, 01
* 1 du Taureau	4	72	30	35		68	44	28,	2	53, 60	6, 14
* m	5.6	73	36	42,	8	71	40	7		52, 54	5, 75
* 105	5.6	73	41	52		68	36	17,	4	53, 70	5, 73

NOMS DES ETOILES ET DES CONSTELLATIONS.	Grandeurs.	Ascens. droite. D. M. S. 10e	Dist. du Pole. D. M. S. 10e	VARIATION ANNUELLE. En Asc. droite. S. 10e	En dist. du Pole. S. 10e
h de l'Eridan	3	74 15 51, 6	95 23 6, 4	44, 33	5, 53
α du Cocher, *la Chevre*	1	75 7 0, 1	44 14 42, 4	66, 03	5, 28
ß d'Orion *Rigel*	1	75 59 36, 5	98 28 11, 2	43, 28	4, 94
* ß Corne Bor. du ♉	2	78 9 23	61 35 47, 2	56, 80	4, 20
γ d'Orion	2	78 20 13, 6	83 51 58	48, 28	4, 15
* o du Taureau	5	78 36 35	68 16 09, 8	54, 00	4, 06
2 ↧ d'Orion	5	78 49 52, 4	87 6 39, 4	47, 17	3, 98
ß du Lievre	3	79 42 34, 4	110 56 50, 8	38, 72	3, 66
δ Ceinture d'Orion	2	80 11 42, 4	90 28 40	46, 02	3, 50
α du Lievre	3	80 45 36	107 59 37	39, 75	3, 30
* ζ Corne Aust. du ♉	3	81 7 39, 5	69 0 34	53, 80	3, 20
ε Ceinture d'Orion	2	81 15 55, 2	91 21 30, 4	45, 71	3, 13
* 125 du ♉ dans la Voye lactée	4	81 31 38, 8	64 14 42, 8	55, 74	3, 06
* 132	4	83 52 55	65 31 32	55, 25	2, 25
γ du Lievre	4	83 49 40, 2	112 32 3	37, 91	2, 23
* 136 du Taureau	5	84 52 37, 8	62 27 31	56, 59	1, 90
δ du Cocher	4	85 11 22, 4	35 45 17 6	73, 92	1, 77
* 1 χ à la massue d'Orion	5	85 20 34, 6	69 46 52 4	53, 53	1, 83
* 2 χ	5	85 28 53, 6	70 19 9 4	53, 33	1, 68
α à l'épaule d'Orion	1	85 49 2, 2	82 39 3 8	48, 75	1, 56
θ du Cocher	4	86 10 47, 8	52 49 24	61, 34	1, 40
* H des Gemeaux	5	87 41 16, 8	66 44 33, 8	54, 79	0, 91
* χ du Cocher	4.5	90 20 29, 2	60 26 17, 8	57, 56	0, 06
* η des Gemeaux	4	90 24 4	67 26 52	54, 50	0, 00
* μ	3	92 24 45	67 23 28	54, 50	0, 70
* ν	4	93 58 34	69 40 1	53, 60	1, 30
23	5	95 49 30, 8	. . . . . .	52, 34	1, 92
γ	2	96 15 2	73 25 51	52, 10	2, 10
* 26	5	97 23 51, 8	72 9 22, 6	52, 59	2, 48
* ε	3	97 35 55	64 40 10	55, 60	2, 50
* 28	6	97 42 10, 8	60 49 33, 6	57, 29	2, 58
α du Grand Chien *Syrius*	1	98 52 3, 8	106 25 7, 2	40, 35	3, 01
* ζ des Gemeaux	3	102 45 50, 4	69 7 28, 6	53, 67	4, 33
* 51	5	105 10 58, 8	73 29 5, 2	51, 94	5, 16
19 du Linx	5	106 12 57, 6	34 19 38, 2	74, 48	5, 46
* λ des Gemeaux	5	106 21 43, 2	73 4 46	52, 06	5, 55
* δ	3	106 44 42	67 37 48	54, 20	5, 70
* q	6	107 14 21	69 9 30, 8	53, 50	5, 84
* ι	4	108 0 51	61 46 56	56, 45	6, 10
* P	6	108 40 4, 8	68 7 18, 4	53, 84	6, 32
η du Grand Chien	2	108 51 2, 4	118 53 5, 4	35, 72	6, 42
α des ♊, *Castor*	1	110 8 8, 7	57 38 52	58, 15	6, 80
* υ	5	110 36 11, 8	62 37 55	55, 94	6, 95

NOMS DES ETOILES ET DES CONSTELLATIONS.	Grandeurs.	Ascens. droite. D.	M.	S.	10e	Dist. du Pole. D.	M.	S.	10e	En Asc. droite. S.	10e	En dist. du Pole. S.	10e
* f des Gemeaux.	6	111	41	28,	6	71	50	27		52,	33	7,	30
α du Petit Chien *Procyon.*	1	111	56	58,	4	84	13	4,	4	48,	08	7,	42
* χ des Gemeaux.	4	112	47	15,	2	65	5	27,	4	54,	81	7,	67
β *Pollux.*	2	112	57	49,	1	61	27	31,	4	56,	27	7,	72
* B	5	113	20	43,	4	70	58	9		52,	57	7,	85
26 du Lynx.	5	114	39	35,	8	41	53	3		66,	59	8,	25
* φ des Gemeaux.	5	115	0	6,	2	62	40	53,	6	55,	61	8,	38
* 3 du Cancer.	6	117	14	30		71	10	4,	8	52,	30	9,	09
μ	5	118	18	50,	2	67	45	5,	4	53,	81	9,	42
* 2 ψ	5	119	17	42,	6	63	50	13,	6	54,	83	9,	73
β	4	121	8	36,	8	80	9	0,	8	49,	19	10,	29
* θ	5	124	45	33		71	10	31		51,	85	11,	35
* η	6	124	59	25,	2	68	49	27,	4	52,	61	11,	37
* γ	4	127	38	4,	4	67	45	11,	4	52,	72	12,	17
* δ	4	128	2	30		71	2	55,	6	51,	65	12,	38
ι de la Grande Ourse. . .	4	131	1	5,	2	41	6	24,	4	63,	66	13,	07
* 1 α du Cancer.	4	130	58	32		77	32	47		49,	60	13,	20
* 2 α	4	131	36	38		77	18	10		49,	60	13,	30
* χ	4	133	57	16,	4	78	27	29		49,	17	13,	85
* ξ	5	134	10	14		67	4	55		52,	30	13,	90
* ω du Lion.	5	139	10	0,	6	79	59	44,	2	48,	53	15,	11
α Cœur de l'Hydre. . . .	2	139	11	45,	2	97	42	50,	6	44,	41	15,	13
θ de la Grande Ourse. .	4	139	31	17,	4	37	19	38,	6	63,	42	15,	18
* ξ du Lion.	4	140	1	9,	6	77	44	10,	7	49,	03	15,	31
10	5	140	6	7		82	11	4,	6	47,	98	15,	33
* o	4	142	20	59,	6	79	6	57,	6	48,	48	15,	83
ε	4	143	19	59,	2	65	13	20,	6	51,	76	16,	03
* ν	4	146	35	40,	6	76	30	50,	8	49,	03	16,	69
* π	5	147	8	43,	2	80	54	27,	8	47,	96	16,	79
* η	4	148	49	49,	4	72	10	20,	2	49,	57	17,	11
* A	5	149	1	20,	8	78	55	54		48,	24	17,	15
* α *Regulus.*	1	149	9	44,	5	76	57	53,	4	48,	60	17,	17
ζ	3	151	6	21,	4	65	29	29,	2	50,	67	17,	51
γ	2	151	57	11,	8	69	3	6,	2	49,	84	17,	66
μ de la Grande Ourse. . .	3	152	17	26,	4	47	24	4		54,	87	17,	70
* ρ du Lion.	4	155	18	20		79	34	0,	4	47,	75	18,	17
* 48	6	155	49	47,	6	81	55	10,	2	47,	38	18,	26
* 37 sous le ventre.	6	158	39	26		82	29	22		47,	20	18,	60
* 38	6	158	58	5		82	29	55		47,	20	18,	60
* 55 proche le Sextant. . . .	5	161	5	47,	2	88	5	39,	8	46,	41	18,	94
* 56	6	161	9	1		82	38	42		47,	20	18,	80
β de la Grande Ourse. . .	2	162	6	28,	6	32	26	31		56,	08	19,	05
* d du Lion.	5	162	18	3		85	12	17		46,	70	19,	10

C

NOMS DES ETOILES ET DES CONSTELLATIONS.	Grandeurs.	Ascenſ. droite.				Diſt. du Pole.				En Aſc. droite.		En diſt. du Pole.	
		D.	M.	S.	10e	D.	M.	S.	10e	S.	10e	S.	10e
* c du Lion.	5	162	18	30		82	43	14		47,	00	19,	00
α de la Grande Ourſe.	1.2	162	30	0		27	3	54,	8	58,	25	19,	09
* x du Lion.	5	163	25	7,	4	81	28	40,	8	47,	07	19,	19
δ	2	165	35	42,	4	68	16	21		48,	22	19,	40
θ	3	165	40	17		73	22	14		47,	70	19,	40
* q	6	166	29	30,	2	86	46	51,	6	46,	46	19,	48
* 76	6	166	54	25,	4	87	8	45,	2	46,	42	19,	51
* σ	5	167	26	52		82	46	2,	2	46,	75	19,	56
* r	5	168	11	19		87	23	12		46,	40	19,	60
* τ	4	169	9	20,	2	85	56	1,	6	46,	46	19,	68
* c	4	169	46	14,	6	91	47	29,	4	46,	08	19,	72
* υ	4	171	25	21		89	36	38		46,	20	19,	80
* 1 ξ Tête de la Vierge.	5	173	29	6,	6	80	31	12,	2	46,	58	19,	91
* v	5	173	38	11		82	14	13,	4	46,	50	19,	92
β à la queue du ♌.	1	174	27	28,	2	74	11	52,		46,	46	19,	95
* β de la Vierge.	3	174	48	19		86	59	37		46,	30	20,	00
γ de la Grande Ourſe.	2	175	32	35,	8	35	4	55,	8	48,	54	19,	99
* π de la Vierge.	5	177	23	54,	4	82	9	31,	6	46,	32	20,	03
δ de la Grande Ourſe.	3	181	6	41		31	44	35		45,	70	20,	05
γ du Corbeau.	3	181	7	54		106	19	7,	8	46,	20	20,	04
* n de la Vierge.	6	181	51	6,	6	89	26	33		46,	18	20,	05
* н	3	182	9	57		89	26	33		46,	20	20,	00
* c	4	182	17	54		85	27	38,	8	46,	10	20,	04
x à la queuë du Dragon.	3	185	59	57,	6	18	59	47,	2	40,	28	19,	96
* χ de la Vierge.	5	186	58	48		96	46	51,	4	46,	45	19,	92
* γ	3	187	38	11		90	14	22		46,	20	19,	90
* ψ	5	190	44	6		98	20	11,	4	46,	70	19,	72
δ	3	191	8	11,	4	85	24	7		45,	87	19,	70
ε	3	192	48	35,	8	77	51	14,	4	45,	24	19,	57
* g	5	194	6	0,	4	99	33	30,	6	46,	97	19,	48
* θ	4	194	38	7,	2	94	21	32,	6	46,	56	19,	43
* α l'Epy.	1	198	24	29,	5	100	0	23,	4	47,	27	18,	97
* ι	4	198	46	53,	6	101	33	22,	2	47,	48	19,	01
ζ de la Grande Ourſe.	2	198	45	25		33	55	14,	2	36,	65	19,	01
* 2 b de la Vierge.	5	199	8	19,	4	95	6	46,	2	46,	77	18,	86
* m	6	202	31	27,	4	97	35	9,	2	47,	17	18,	56
н de la Grande Ourſe.	2	204	43	2,	6	39	34	56,	8	36,	08	18,	24
α du Dragon.	2	209	36	38		24	34	6,	2	24,	50	17,	46
* x de la Vierge.	4	210	17	29		99	14	27,	4	46,	45	17,	37
α du Bouvier *Arcturus*.	1	211	24	59,	4	69	39	11,	2	42,	32	17,	16
* λ de la Vierge.	4	211	48	35,	4	102	20	54		48,	47	17,	10
θ du Bouvier.	4	214	25	56,	4	37	7	20,	6	31,	22	16,	58
* μ de la Balance.	5	219	19	26,	2	103	13	14,	6	49,	11	15,	58

NOMS DES ETOILES ET DES CONSTELLATIONS.	Grandeurs.	Ascenf. droite D. M. S. 10	Dist. du Pole D. M. S. 10e	En Asc. droite S. 10e	en diff. du Pole S. 10e
* α de la Balance	2	219 41 14, 5	105 6 55	49, 60	15, 50
* 2 ξ	6	221 12 57, 8	100 30 34	48, 59	15, 15
* 18	6	221 45 27	100 14 48, 6	48, 55	15, 03
β de la Petite Ourse	2. 3	222 53 31, 4	14 56 36, 6	-5, 28	14, 68
* 1 γ de la Balance	5	223 35 37, 6	105 23 26, 8	49, 93	14, 59
* 1 ι	3	224 55 51	108 56 44, 4	51, 00	14, 27
β	2	226 18 4, 1	98 33 30, 6	48, 33	13, 93
* 4 ζ	4	230 8 42, 2	106 5 29, 8	50, 11	12, 89
* γ	3	230 48 45	104 2 29	50, 00	12, 70
α de la Couronne Boréale.	2	231 20 47	62 32 0, 5	38, 05	12, 60
* 42 de la Balance.	6	231 49 48, 4	113 5 12, 6	52, 82	12, 48
* κ	4	232 19 46	108 56 57, 8	51, 60	12, 34
α du Serpent.	2	233 21 43	82 52 11, 6	44, 15	12, 03
* A du Scorpion.	5	235 6 44	114 39 13, 2	53, 65	11, 56
* λ de la Balance.	4	235 8 59, 4	109 29 39, 8	51, 97	11, 54
* θ	4	235 19 58, 2	106 4 8	51, 01	11, 50
ϱ du Serpent.	3	235 24 15, 4	68 20 48	39, 62	11, 45
* π du Scorpion.	3	236 23 48, 8	115 27 24, 8	54, 09	11, 19
* ψ de la Balance.	4	236 28 37	103 37 45	50, 20	11, 15
* d du Scorpion.	3	236 50 25	111 58 42	52, 90	11, 00
* β	2	238 10 11	109 11 14	52, 10	10, 70
* 1 ω	5	238 29 35, 2	110 3 24, 2	52, 36	10, 56
* 2 ω	5	238 38 5, 8	110 15 28, 4	52, 44	10, 52
υ à la jambe d'Hercule.	5	238 59 30, 4	43 20 56, 6	27, 97	10, 38
* γ du Scorpion.	4	239 48 39, 4	108 52 18, 2	52, 07	10, 16
d du Serpentaire.	3	240 42 36, 2	93 6 44, 8	47, 11	9, 89
* 19 du Scorpion.	6	241 51 32, 4	113 37 13	53, 87	9, 55
* σ	5	241 57 48, 4	115 2 51, 6	54, 42	9, 53
* ψ du Serpentaire.	5	242 48 55, 8	109 30 22	52, 44	9, 25
* g	5	243 6 27, 6	112 55 21, 2	53, 68	9, 16
* α du Scorpion, _Antares_.	1	243 59 18, 7	115 55 31, 8	54, 89	8, 89
* φ du Serpentaire.	4	244 38 32	106 6 55, 8	51, 40	8, 69
* ω du Serpentaire.	5	244 46 55, 6	110 58 43, 8	53, 08	8, 64
* τ du Scorpion.	4	245 33 22, 8	117 44 30, 2	55, 74	8, 41
24 du Scorpion.	5	247 13 5, 2	. . . . . .	51, 91	7, 86
* A du Serpentaire.	5	255 27 58	116 15 4, 8	55, 70	5, 14
μ du Dragon.	4	255 55 12, 6	35 14 5, 2	18, 63	4, 91
α à la tête d'Hercule.	2	256 9 26, 8	75 20 42, 4	41, 09	4, 87
* ϱ du Serpentaire.	4	256 57 27, 2	110 51 22, 6	53, 61	4, 63
* θ	3	257 7 52	114 45 33, 4	55, 20	4, 57
* 43	4	257 23 8, 8	117 54 31, 8	56, 49	4, 49
* B	4	258 14 21, 8	113 57 6, 8	54, 89	4, 19
* e	6	259 30 2, 6	113 46 23, 2	54, 83	3, 76

NOMS DES ETOILES ET DES CONSTELLATIONS.	Grandeurs.	Ascens. droite.				Dist. du Pole.				En Asc. droite.	En dist. du Pole.
		D.	M.	S.	10ᵉ	D.	M.	S.	10ᵉ	S. 10ᵉ	S. 10ᵉ
α à la tête du Serpentaire.	2	261	10	50		77	15	52		41, 30	3, 15
μ	4	261	28	32	2	97	58	7	4	48, 96	3, 07
ß du Dragon.	2.3	261	22	15	2	37	31	42		20, 36	3, 05
* D du Serpentaire.	6	262	33	59		111	33	24	2	54, 00	2, 71
* p du Sagittaire.	6	263	25	58		117	43	33	8	56, 65	2, 41
* b	6	266	35	36	8	113	46	32		54, 94	1, 30
γ	3	267	55	20		120	24	13	8	58, 00	0, 84
γ du Dragon.	2	267	52	41	2	38	28	38	8	20, 56	0, 78
* 1 μ du Sagittaire.	4	270	9	11	2	111	5	49		53, 91	0, 05
* 2 μ	6	270	31	33	2	110	46	28		53, 90	0, 05
* η	3	271	43	41	5	119	54	2	2	57, 70	0, 49
ε	3	272	23	43		124	27	58	1	59, 95	0, 72
* λ	4	273	36	7		115	31	18		55, 75	1, 15
α de la Lyre *Wega*.	1	277	22	17	4	51	25	45	6	30, 32	2, 52
* φ du Sagittaire.	5	277	58	37		117	11	46	4	56, 40	2, 68
* 28	6	278	16	7	6	112	36	8	4	54, 43	2, 78
c du Dragon.	5	279	34	49	4	34	40	41	8	17, 62	3, 31
* 1 γ du Sagittaire.	5	280	13	21		112	59	47		54, 60	3, 45
* σ	3	280	24	20		116	32	57	2	56, 00	3, 54
* 2 ν	5	280	27	3		112	55	36	7	54, 20	3, 54
ß de la Lyre.	3	280	29	32	4	56	32	36	2	33, 32	3, 59
* 1 ξ du Sagittaire.	6	281	4	3		110	55	30		53, 75	3, 75
* 2 ξ	6	281	8	59		111	22	37		53, 70	3, 75
θ du Serpent, double.	3.4	281	19	23	8	86	4	12		44, 84	3, 85
		281	19	41	8	86	4	6			
ζ du Sagittaire.	3	282	9	11		120	10	27	8	57, 60	4, 11
o du Dragon.	4	281	59	14		30	52	32	2	13, 40	4, 14
* o du Sagittaire.	4	282	52	28		112	2	41	8	54, 10	4, 36
* τ	4	283	18	1		117	58	13		56, 60	4, 50
ζ de l'Aigle.	3	283	49	39	8	76	26	55		41, 49	4, 85
* π du Sagittaire.	4	284	10	9		111	21	17		53, 75	4, 80
* ψ	5	285	31	15		115	36	57	8	57, 20	5, 26
* d	6	286	11	13		109	20	40	5	52, 50	5, 30
* 1 χ	6	287	58	9		114	55	5	2	55, 05	6, 09
κ du Cigne.	4	288	0	11		37	1	55	8	20, 55	6, 16
η du Dragon.	3	288	6	50		22	43	28	4	+0, 75	6, 23
η à l'aile de l'Aigle.	3	288	36	2		87	18	37	8	45, 30	6, 31
* 2 h du Sagittaire.	6	290	49	31	4	115	21	8	4	55, 07	7, 03
ι du Cigne.	4	291	2	36	2	38	43	57	8	22, 86	7, 16
θ	4	292	38	7	2	40	16	59	4	24, 36	7, 68
* f du Sagittaire.	6	293	22	46		110	16	24	8	53, 00	7, 86
γ de l'Aigle.	3	293	57	5	6	79	54	34	6	42, 93	8, 07
η du Cigne.	3	294	31	32	8	45	23	53	6	28, 19	8, 27

NOMS DES ETOILES ET DES CONSTELLATIONS.	Grandeurs.	Ascens. droite D	M	S	10e	Dist. du Pole D	M	S	10e	Var. en Asc. droite S, 10e	Var. en dist. du Pole S, 10e
α de l'Aigle, *Altaïr*	1	295	0	31	5	81	42	07		43, 54	8, 40
* ω du Sagittaire	5	295	24	58	2	116	51	57	8	55, 36	8, 56
* b	5	295	51	26	4	117	44	6	2	55, 72	8, 64
β de l'Aigle	3	296	7	39	6	84	8	32	8	44, 33	8, 76
* a du Sagittaire	5	296	22	59	2	116	46	24	8	55, 26	8, 81
ε du Dragon	5	297	12	41	6	20	17	23	6	-1, 92	9, 17
θ d'Antinoüs	3	299	59	18	8	91	27	48		46, 64	9, 95
ρ du Dragon	4. 5	300	26	33	2	22	45	7		5, 06	10, 15
1 α du Capricorne	4	301	21	41		103	10	26		50, 20	10, 40
2 α	3	301	27	35		103	12	45		50, 20	10, 40
* σ	6	301	40	10		109	47	25	4	52, 35	10, 43
* β	3	302	9	20		105	27	43		50, 30	10, 60
* ρ	6	304	4	30	6	108	31	35		51, 78	11, 15
* υ	5. 6	306	52	33		108	53	57	8	51, 70	11, 96
α du Dauphin	3	307	21	24	4	74	51	11		41, 87	12, 10
α du Cigne	1. 2	308	29	6	3	45	29	53	2	30, 75	12, 44
ε du Verseau	4	308	56	22		100	17	17	9	49, 05	12, 53
ε à l'aîle du Cigne	3	309	19	39	8	56	50	52	8	36, 04	12, 66
μ du Verseau	4	310	11	33	4	99	47	46	1	48, 87	12, 87
* 19 du Capricorne	6	310	35	17	8	108	44	38	4	51, 39	12, 98
* η	5	312	57	49	6	110	42	42	2	51, 78	13, 59
* θ	5	313	23	26		108	5	38	8	51, 00	13, 71
* 1 χ	6	313	59	1	4	112	3	59		52, 07	13, 85
* γ à la main du Verseau	5	314	23	36		102	15	4	2	48, 30	13, 94
* φ du Capricorne	6	315	46	19	8	111	33	13		51, 74	14, 30
* 29	6	315	53	18	8	106	4	26	4	50, 24	14, 33
α du Petit Cheval	4	316	12	25	8	85	39	4	6	45, 14	14, 42
* ι du Capricorne	5	317	29	41	2	107	45	36	6	50, 56	14, 72
α de Cephée	3	318	19	39		28	20	27	8	21, 55	14, 95
ζ du Capricorne	5	318	31	1	4	113	21	9	8	51, 97	14, 96
* b	6	319	2	17	8	112	45	14	4	51, 74	15, 08
β du Verseau	3	319	59	34		96	31	45		47, 70	15, 30
* ε du Capricorne	4	321	11	9		110	26	28		50, 90	15, 60
* ξ du Verseau	6	321	30	27		98	49	50	2	48, 15	15, 64
ρ à la queuë du Cigne	4	321	25	50	6	45	22	25	2	33, 83	15, 64
β de Cephée	3	321	26	26	4	20	24	8	8	12, 67	15, 66
* γ du Capricorne	4	321	58	12		107	38	45		50, 20	15, 70
* κ	5	322	35	15	4	109	51	31	6	50, 62	15, 87
* λ	5	323	40	13	4	102	22	17		48, 82	16, 10
* d	4	323	42	48		107	6	51		49, 90	16, 10
2 π à la queuë du Cigne	5	324	40	13	8	41	42	6	6	33, 14	16, 32
μ du Capricorne	5	325	19	10		104	34	39	2	49, 20	16, 44
o du Verseau	5	327	58	58	5	93	12	33	8	46, 75	16, 96

NOMS DES ETOILES ET DES CONSTELLATIONS.

NOMS DES ETOILES ET DES CONSTELLATIONS.	Grandeurs.	Ascension droite, moyenne, & Distance du Pole Boréal, pour l'année 1780.								VARIATION ANNUELLE.			
		Ascenf. droite.				Dift. du Pole.				En Afc. droite.		En dift. du Pole.	
		D.	M.	S.	10e	D.	M.	S.	10e	S.	10e	S.	10e
* ı du Verfeau	4	328	38	7		104	55	41,	6	49,	00	17,	07
α	2	328	37	17		91	22	51		46,	50	17,	10
* 35	5	329	13	27,	4	109	35	16,	4	49,	87	17,	18
* θ	4	331	18	14,	4	98	52	14,	2	47,	72	17,	54
* ς	5	332	9	14		98	55	16,	2	47,	70	17,	69
γ	3	332	34	21		92	29	22,	8	46,	60	17,	76
π	5	333	30	39,	4	89	43	56,	8	46,	17	17,	91
ζ	4	334	22	28,	4	91	8	23,	8	46,	37	18,	04
* σ	5	334	44	55		101	47	50,	2	48,	00	18,	09
7 du Lezard	4	335	33	55,	8	40	50	37,	4	36,	54	18,	23
υ du Verfeau	5	335	39	29		111	9	37,	4	49,	55	18,	23
η	4	335	59	18		91	14	26,	4	42,	00	18,	58
κ	5	336	35	27		95	21	22,	6	46,	95	18,	37
* 1 τ	5	339	0	17,	6	105	12	38,	4	48,	03	18,	68
* 2 τ	5	339	28	59,	4	104	44	54		48,	07	18,	75
* λ	4	340	17	3		98	44	43,	2	47,	25	18,	84
ı de Cephée	4	340	28	20,	4	24	57	11,	4	31,	32	18,	88
∂ du Verfeau	3	340	44	29		106	59	9		48,	25	18,	90
α Poiff. Auftral, *Fomalhaut.*	1	341	21	46,	2	120	46	54,	6	50,	06	18,	97
ß des Poiffons	5	343	10	20,	4	87	21	38,	6	45,	92	19,	17
ß de Pégafe, *Scheat.*	2	343	17	5		63	6	28,	4	43,	25	19,	18
* 1 h à l'eau du Verfeau	6	343	25	13		98	52	38		47,	10	19,	20
* 2 h	6	343	27	49		98	56	16		47,	10	19,	20
α de Pégafe, *Markab.*	2	343	27	18		75	58	30		44,	75	19,	20
* 3 h du Verfeau	6	343	36	13,	6	99	7	12		47,	08	19,	20
* φ	5	345	43	54,	6	97	13	49,	8	46,	83	19,	41
* 1 ψ	5	346	5	17,	6	100	16	58,	2	47,	08	19,	44
* χ	6	346	21	42		98	55	21,	6	46,	95	19,	47
* 2 ψ	5	346	36	59,	4	100	22	48,	2	47,	07	19,	49
* 3 ψ	5	346	52	39,	6	100	48	36,	8	47,	08	19,	51
* 96	6	346	59	46,	8	96	19	25,	6	46,	69	19,	52
d de Cephée	5	348	47	10,	4	28	55	18,	8	39,	02	19,	66
* 1 κ des Poiffons	5	348	54	57,	6	89	56	44,	8	46,	18	19,	66
1 λ d'Andromede	4	351	42	39,	8	44	43	46,	2	43,	19	19,	84
* λ des Poiffons	5	352	22	33,	2	89	25	42,	4	46,	16	19,	88
* 19	5	353	47	30,	8	87	43	59,	4	46,	09	19,	93
27	5	356	51	9						46,	00	20,	00
* ω	5	357	0	30		84	21	12,	6	46,	30	20,	02
* 29	5	357	38	21		94	15	7,	4	46,	25	20,	03
* 30	5	357	40	13		97	14	12,	4	46,	30	20,	03
* 33	4	358	31	12		96	56	19		46,	25	20,	05
α à la tête d'Andromede	2	359	15	45		62	7	38		46,	00	20,	05
ß de Caffiopée	3	359	22	54		32	3	44		45,	70	20,	05

DE L'USAGE *de la Table du passage du premier Point du Bélier , par le Méridien.*

IL NOUS A PARU nécessaire d'ajouter , à la suite du catalogue des étoiles , une table du passage de l'Equinoxe , ou premier Point du Bélier par le Méridien , calculée pour chaque jour de l'année : cette table est nécessaire pour connoître , à tel jour & à telle heure que l'on veut , les étoiles & les constellations qui sont au Méridien , soit supérieur , soit inférieur.

Afin de pouvoir faire usage de cette table , il faut observer que le premier degré d'ascension droite ou la ligne marquée XXIV sur les cartes , qui coupe la section de l'Equateur & de l'Ecliptique au premier Point , *d'Aries* passe avec lui au Méridien à l'heure indiquée dans la table ; le 30.ᵉ degré ou la ligne marquée II y passera deux heures après , & ainsi de suite. De sorte que tous les jours & à toutes les heures , on peut sçavoir quelles étoiles sont au Méridien ; il n'y aura pour cela qu'à compter sur les cartes autant de lignes d'heures ou d'ascension droite , qu'il y aura de différence entre le passage de l'Equinoxe du jour proposé & l'heure à laquelle on veut observer.

Si l'Equinoxe passe au Méridien après l'heure qu'on desire , on retranchera au contraire autant d'heures qu'il y en aura entre l'heure d'observation & celle de son passage au Méridien.

EXEMPLE.

Soit proposé de connoître quelles étoiles seront au Méridien , le 10 Mai , à 10 heures du soir. Je vois dans la table que le premier Point du Bélier passe au Méridien , le 10 Mai , à 8 heures 51 minutes du *matin* : or depuis 8ʰ 51ᵐ du matin jusqu'à l'heure proposée , il y a 13ʰ 9ᵐ , par conséquent la ligne d'ascension droite marquée XIII heures sur les cartes , ou le 195.ᵐᵉ degré de l'Equateur , passeroit par le Méridien à cette heure , s'il n'y avoit que 13 heures de différence ; mais comme il y a 13ʰ 9ᵐ , les 9ᵐ valent 2 degrés ¼ de plus : c'est donc le 197.ᵐᵉ degré 15ᵐ d'ascension droite qui passera au Méridien , le 10 Mai à 10ʰ du soir. En consultant les cartes , il sera facile de voir les étoiles qui seront écartées de 2ᵈ ¼ vers l'Orient de la ligne marquée XIII heures , l'on trouvera dans cette supposition que les étoiles γ de l'Hydre , près l'Horison , *l'Epy* de la Vierge , *le*

Cœur de Charles, ζ de la Grande Ourse seront fort proche du Méridien supérieur, & que l'étoile ε de Cassiopée est un peu à l'Est du Méridien inférieur. Après avoir considéré ces étoiles sur les cartes, il sera facile de les reconnoître dans le Ciel, puisqu'on sçaura à-peu-près leur situation.

DEUXIEME EXEMPLE.

On demande quelles étoiles seront au Méridien, le 1.er Octobre, à 8h ½ du soir ; le passage de l'Equinoxe par le Méridien est à 11h 27m *du soir*, la différence du passage à l'heure proposée est de 2h 57m que je retranche des 24 heures marquées sur les cartes, il reste 21h 3m, c'est-à-dire que c'est le 315d 45m d'ascension droite qui passera par le méridien, le 1.er Octobre, à 8h ½ du soir.

D'après ce calcul, il sera facile de remarquer les étoiles qui avoisinent de ¾ de degré vers l'Orient la ligne marquée XXI qui traverse les constellations du Capricorne, du Petit Cheval, la queuë du Cigne, & celle de Cephée, proche le Pole.

Ces deux exemples ne conviennent que pour les années moyennes, entre deux bissextiles, telles que 1778, 82, 86, &c. Voyez la note de la page suivante.

HEURES

Du Passage du premier Point du Bélier par le Meridien de Paris, calculées pour tous les jours de l'année 1778, moyenne entre deux biſſextiles.

Jours	JANV. H	JANV. M	FEVR H	FEVR M	MARS. H	MARS. M	AVRIL. H	AVRIL. M	MAI. H	MAI. M	JUIN. H	JUIN. M	JUIL. H	JUIL. M	AOUT H	AOUT M	SEPT. H	SEPT. M	OCTOB H	OCTOB M	NOV. H	NOV. M	DEC. H	DEC. M
	Soir.		Soir.		Soir.		Matin.		Matin.		Matin.		Matin.		Matin.		Matin.		Soir.		Soir.		Soir.	
1	5	10	2	58	1	10	11	16	9	26	7	23	5	19	3	15	1	19	11	27	9	31	7	28
2	5	6	2	54	1	6	11	13	9	22	7	19	5	15	3	11	1	16	11	24	9	27	7	23
3	5	1	2	50	1	2	11	9	9	18	7	15	5	11	3	7	1	12	11	20	9	23	7	19
4	4	57	2	46	0	58	11	6	9	14	7	11	5	7	3	3	1	8	11	16	9	19	7	15
5	4	53	2	42	0	55	11	2	9	10	7	7	5	3	2	59	1	5	11	13	9	15	7	10
6	4	48	2	38	0	51	10	58	9	7	7	3	4	59	2	56	1	1	11	9	9	12	7	6
7	4	44	2	34	0	47	10	55	9	3	6	59	4	55	2	52	0	58	11	6	9	8	7	2
8	4	39	2	30	0	44	10	51	8	59	6	55	4	51	2	48	0	54	11	2	9	4	6	57
9	4	35	2	26	0	40	10	47	8	55	6	50	4	47	2	44	0	50	10	58	9	0	6	53
10	4	31	2	22	0	36	10	44	8	51	6	46	4	42	2	40	0	47	10	55	8	56	6	49
11	4	26	2	18	0	33	10	40	8	47	6	42	4	38	2	37	0	43	10	51	8	51	6	44
12	4	22	2	14	0	29	10	36	8	43	6	38	4	34	2	33	0	40	10	47	8	47	6	40
13	4	18	2	10	0	25	10	33	8	39	6	34	4	30	2	29	0	36	10	44	8	43	6	35
14	4	13	2	7	0	22	10	29	8	35	6	30	4	26	2	25	0	32	10	40	8	39	6	31
15	4	9	2	3	0	18	10	25	8	31	6	26	4	22	2	22	0	29	10	36	8	35	6	26
16	4	5	1	59	0	14	10	22	8	28	6	22	4	18	2	18	0	25	10	32	8	31	6	22
17	4	1	1	55	0	11	10	18	8	24	6	17	4	14	2	14	0	22	10	29	8	27	6	18
18	3	56	1	51	0	7	10	14	8	20	6	13	4	10	2	10	0	18	10	25	8	23	6	13
19	3	52	1	47	0	4	10	11	8	16	6	9	4	6	2	7	0	14	10	21	8	19	6	9
20	3	48	1	44	0	0	10	7	8	12	6	5	4	2	2	3	0	11	10	17	8	14	6	4
21	3	44	1	40	11	56 (Matin.)	10	3	8	8	6	1	3	58	1	59	0	7	10	14	8	10	6	0
22	3	39	1	36	11	53	10	0	8	4	5	57	3	54	1	56	(0	3)	10	10	8	6	5	55
23	3	35	1	32	11	49	9	56	8	0	5	53	3	50	1	52	11	56 (Soir.)	10	6	8	2	5	51
24	3	31	1	28	11	45	9	52	7	56	5	48	3	46	1	48	11	53	10	2	7	58	5	47
25	3	27	1	25	11	42	9	48	7	52	5	44	3	42	1	45	11	49	9	58	7	53	5	42
26	3	23	1	21	11	38	9	45	7	48	5	40	3	38	1	41	11	45	9	55	7	49	5	38
27	3	18	1	17	11	35	9	41	7	44	5	36	3	34	1	37	11	42	9	51	7	45	5	33
28	3	14	1	13	11	31	9	37	7	40	5	32	3	30	1	34	11	38	9	47	7	41	5	29
29	3	10			11	27	9	33	7	36	5	28	3	27	1	30	11	35	9	43	7	36	5	24
30	3	6			11	24	9	30	7	31	5	24	3	23	1	26	11	31	9	39	7	31	5	20
31	3	2			11	20			7	27			3	19	1	23			9	35			5	15

Note. Il faut ajouter aux nombres que contient cette Table, une minute pour les années qui précédent la biſſextile, comme en 1779, 83, 87, &c. & deux minutes dans les biſſextiles, comme en 1780, 84, 88, &c. Il faudra au contraire retrancher une minute pour les années qui ſuivent la biſſextile. Avec cette précaution, la Table ſervira juſqu'à la fin de ce ſiécle, ſans avoir une minute d'erreur.

DE LA RÉDUCTION *des parties de l'Equateur en tems, & du tems en parties de l'Equateur.*

LES CALCULS ci-deſſus, ainſi que quelques autres relatifs aux Pro-blêmes qui terminent cet ouvrage, exigent quelquefois de réduire les heures d'aſcenſion droite en degrés de l'Equateur, & les degrés de l'Equateur en tems. Nous allons expoſer une méthode très-ſimple pour faire facilement ces réductions.

Le ſoleil fait, en 24 heures, ſa révolution, qui eſt de 360 degrés. Il s'enſuit de-là qu'il parcourt 15 degrés par heure, un degré en 4 minutes de tems, une minute de degré en 4 ſecondes de tems, & enfin une ſeconde de degré en 4 tierces de tems, &c. Donc pour réduire un nombre quelconque de degrés, minutes & ſecondes de l'Equateur en tems, il faut diviſer ce nombre de degrés par 15, pour avoir des heures.

S'il reſte quelques degrés, multipliez-les par 4, vous aurez des minutes de tems; pour les minutes de degrés, prenez autant de minutes de tems qu'il y aura de fois 15 ; s'il en reſte, il faut les multiplier auſſi par 4, vous aurez des ſecondes de tems, & enfin prenez encore le 15e des ſecondes de degrés pour avoir des ſecondes de tems, & s'il en reſte, multipliez encore par 4, il viendra des tierces de tems.

Réciproquement pour réduire en degrés les heures, minutes & ſecondes de tems, il faut multiplier les heures par 15, on aura des degrés.

On prendra le quart des minutes qui donneront encore des degrés, & ce qui reſtera de minutes de tems donnera autant de $\frac{1}{4}$ de degrés. On prendra auſſi le quart des ſecondes pour en faire des minutes, ainſi de ſuite.

Mais comme cette méthode exige des multiplications & des divi-ſions, nous ajoutons une table qui contient ces réductions toutes faites. Il faut obſerver que ſi on prend les nombres de la premiere colonne de la premiere table pour des degrés, ceux de la ſeconde colonne, qui lui correſpondent, ſeront des heures & des minutes; mais ſi on prend ces premiers nombres pour des minutes, les autres ſeront des minutes & ſecondes, &c. Cette remarque s'applique éga-lement à la ſeconde table.

TABLE POUR RÉDUIRE LES PARTIES DE L'ÉQUATEUR EN TEMS.

Deg. / Min. / Sec.	Heur. / Min. / Sec.	Min. / Sec. / Tier.	Deg. / Min. / Sec.	Heur. / Min. / Sec.	Min. / Sec. / Tier.	Deg.	Heures.	Minut.
1	0	4	31	2	4	70	4	40
2	0	8	32	2	8	80	5	20
3	0	12	33	2	12	90	6	0
4	0	16	34	2	16	100	6	40
5	0	20	35	2	20	110	7	20
6	0	24	36	2	24	120	8	0
7	0	28	37	2	28	130	8	40
8	0	32	38	2	32	140	9	20
9	0	36	39	2	36	150	10	0
10	0	40	40	2	40	160	10	40
11	0	44	41	2	44	170	11	20
12	0	48	42	2	48	180	12	0
13	0	52	43	2	52	190	12	40
14	0	56	44	2	56	200	13	20
15	1	0	45	3	0	210	14	0
16	1	4	46	3	4	220	14	40
17	1	8	47	3	8	230	15	20
18	1	12	48	3	12	240	16	0
19	1	16	49	3	16	250	16	40
20	1	20	50	3	20	260	17	20
21	1	24	51	3	24	270	18	0
22	1	28	52	3	28	280	18	40
23	1	32	53	3	32	290	19	20
24	1	36	54	3	36	300	20	0
25	1	40	55	3	40	310	20	40
26	1	44	56	3	44	320	21	20
27	1	48	57	3	48	330	22	0
28	1	52	58	3	52	340	22	40
29	1	56	59	3	56	350	23	20
30	2	0	60	4	0	360	24	0

TABLE POUR RÉDUIRE LE TEMS EN PARTIES DE L'ÉQUATEUR.

Heures.	Deg.	Min. / Sec. / Tier.	Deg. / Min. / Sec.	Min. / Sec. / Tier.	Min. / Sec. / Tier.	Deg. / Min. / Sec.	Min. / Sec. / Tier.
1	15	1	0	15	31	7	45
2	30	2	0	30	32	8	0
3	45	3	0	45	33	8	15
4	60	4	1	0	34	8	30
5	75	5	1	15	35	8	45
6	90	6	1	30	36	9	0
7	105	7	1	45	37	9	15
8	120	8	2	0	38	9	30
9	135	9	2	15	39	9	45
10	150	10	2	30	40	10	0
11	165	11	2	45	31	10	15
12	180	12	3	0	42	10	30
13	195	13	3	15	43	10	45
14	210	14	3	30	44	11	0
15	225	15	3	45	45	11	15
16	240	16	4	0	46	11	30
17	255	17	4	15	47	11	45
18	270	18	4	30	48	12	0
19	285	19	4	45	49	12	15
20	300	20	5	0	50	12	30
21	315	21	5	15	51	12	45
22	330	22	5	30	52	13	0
23	345	23	5	45	53	13	15
24	360	24	6	0	54	13	30
25	375	25	6	15	55	13	45
26	390	26	6	30	56	14	0
27	405	27	6	45	57	14	15
18	420	28	7	0	58	14	30
29	435	29	7	15	59	14	45
30	450	30	7	30	60	15	0

Exemple de la premiere Table.

On propose de réduire en tems 279d 47' 39".
Pour 270d on trouve 18h.
Pour   9d . . . . . . 36'.
Pour . . .47' . . . . 3'. 8".
Pour . . . . 39" . . . . . 2". 36'''.

Les 279d 47' 39" donnent 18h 39' 10" 36'''.

Exemple pour la seconde Table.

Soit proposé de réduire en degrés 8h 35' 43" 55'''.
Pour 8h on trouve 120d
Pour . 35' . . . . 8.45'.
Pour . . . 43" . . 10'.45".
Pour . . . . 55''' . . 13".45'''.

Ainsi 8h 35' 43" 55''' donnent 128d 55' 58" 45'''.

MOYENS

DE CONNOITRE LES CONSTELLATIONS
& toutes les Etoiles qui les compofent.

Il n'est prefque perfonne qui ne connoiffe la Grande Ourfe, fous le nom de *Chariot de David*, ou *Grand Chariot*. Cette conftellation, fituée près du Pole Arctique, eft très-remarquable par fes fept belles étoiles de la feconde grandeur, dont quatre forment un quadrilatere, & les trois autres une ligne courbe. Elles peuvent fervir à en faire connoître beaucoup d'autres, en faifant paffer idéalement des lignes par deux de ces étoiles, la direction, ou l'alignement indiquera toujours une 3.me étoile. Ces alignemens fictifs, (dont les principaux font repréfentés dans le Planifphere de la Planche 30) quoiqu'ils ne puiffent être d'une précifion rigoureufe, font le moyen le plus fimple & le plus commode pour étudier le Ciel, & connoître toutes les étoiles par leurs noms, fans les confondre les unes avec les autres. Nous les défignerons par leurs noms propres, & par les lettres grecques qui leur font affignées dans les cartes; mais nous devons avertir qu'à caufe de la projection des cartes, toujours un peu différente de la vraie figure d'un globe, il ne faut confidérer nos alignemens fictifs que dans le Ciel même.

L'ETOILE POLAIRE. *Pl. 2.*

En imaginant une ligne, qui feroit tirée par les deux étoiles β & α du quadrilatere de la Grande Ourfe, on connoîtra l'Etoile Polaire, qui eft de la feconde grandeur, à la queuë de la Petite Ourfe; &, pour être affuré qu'on ne s'eft pas trompé, il faut fuivre le mouvement journalier de la Grande Ourfe, & remarquer quand elle fe trouve à l'Orient, au Midi, à l'Occident, & au Nord. En imaginant une circonférence, qui pafferoit par ces quatre points, l'Etoile Polaire en fera le centre, ou à-peu-près.

LA PETITE OURSE.

Sept étoiles arrangées comme celles du *Chariot*, mais dans une difpofition inverfe, marquent la Petite Ourfe. En prenant α & δ du *Chariot* pour la bafe d'un triangle ifofcele; fi du milieu de cette bafe, on éleve idéalement, en tirant vers le Pole, une perpendiculaire

culaire qui feroit deux fois auffi longue que cette bafe, on trouvera une étoile rougeâtre β la principale du quarré de la Petite Ourfe, nommée par les Marins *la Claire des Gardes*, qui eft de la feconde grandeur, & affez voifine d'une autre à droite, de la troifieme grandeur, qui eft la feconde du quarré.

Si, entre *la Claire des Gardes* & la Polaire, on obferve trois étoiles de la quatrieme grandeur, la premiere fera la troifieme du quarré; les deux autres avec la Polaire font la queuë de l'Ourfe, & on reconnoîtra facilement la pofition de la quatrieme du quarré.

CASSIOPÉE.

L'Etoile Polaire fe trouve entre la Grande Ourfe & Caffiopée. Cette Conftellation eft compofée de 5 étoiles principales α, β, γ, δ, ε, placées dans la Voye Lactée, qui forment deux triangles qui approchent de la figure d'un Σ dont les jambages feroient fort écartés. En alignant par δ du *Chariot* & par l'Etoile Polaire, on connoîtra β de la Chaife de Caffiopée. γ fera connue par une ligne tirée de ε de la queuë de la Grande Ourfe, encore par l'Etoile Polaire. α qui eft la principale étoile de cette Conftellation, forme avec β & γ le fommet d'un triangle prefque équilatéral. δ ou l'étoile du Genou fera connue en alignant par ζ de la queuë de la Grande Ourfe & par l'Etoile Polaire. Enfin ε ou l'étoile du pied fera connue par un alignement qui de η, l'extrémité de la queuë de la Grande Ourfe, paffera encore par l'Etoile Polaire. Les autres étoiles de cette Conftellation font d'une grandeur inférieure, & on les connoîtra par leur fituation, relative aux cinq principales.

CEPHÉE.

En alignant par η & β de Caffiopée, on trouvera, à une diftance à peu-près double de celle qui fépare ces deux étoiles, trois petites étoiles, en triangle, de la quatrieme grandeur, qui font à la tête de Cephée. En alignant par α & β de Caffiopée, on connoîtra α de l'épaule. En tirant une ligne de celle-là à l'Etoile Polaire, on aura rencontré β à la ceinture. γ dans le genou fera le fommet d'un triangle dont les deux autres angles feront β & l'Etoile Polaire. Enfin α fera connoître η du bras, & ι de l'autre bras fera connue en formant le triangle marqué par cette étoile & par α & β. On peut obferver que les trois principales étoiles de Cephée forment un arc de cercle dont l'étoile β de Caffiopée paroît être le centre.

LE DRAGON.

Si l'on imagine une ligne qui parte de l'étoile δ, au genou de

E

Caſſiopée, & qui paſſe par β à la ceinture de Cephée, on trouvera, à une diſtance preſque égale à celle qui ſépare ces deux premieres étoiles, la tête du Dragon marquée par quatre étoiles β, γ, ξ, & ν diſpoſées en parallélogramme. Une autre étoile μ formant le ſommet d'un triangle avec β & ν marque la gueule.

En alignant par ν & ξ, ou en imaginant une ligne de β à α de l'épaule de Cephée, on connoîtra ο près du premier nœud. Si de cette étoile on aligne à γ du genou de Cephée, on connoîtra quatre étoiles δ, π, ς & σ du ſecond nœud. Si l'on ſuit une traînée d'étoiles qui ſe trouvent entre le premier nœud, la tête du Dragon & la Petite Ourſe, on connoîtra le corps & le troiſieme nœud. Enfin il ſera facile, en ſuivant toujours la même traînée d'étoiles, qui courbe en paſſant entre les deux Ourſes, de diſtinguer les ſix étoiles η, θ, ι, α, κ & λ qui forment la queuë de cette Conſtellation.

On pourra remarquer que le Pole de l'Ecliptique eſt à-peu-près dans l'interſection de deux lignes qu'on tireroit, l'une de ζ du troiſieme nœud à π du ſecond nœud, & l'autre de ω à ο.

ANDROMEDE, *Pl.* 3.

Si de l'Etoile Polaire, on tire une ligne par β de la Chaiſe de Caſſiopée, on reconnoîtra α ou la tête d'Andromede à une diſtance égale à celle qui ſe trouve entre les deux premieres étoiles. En alignant encore de l'Etoile Polaire par ε de Caſſiopée, on connoîtra γ du pied méridional; φ de l'autre pied ſe trouve entre cette derniere & γ de Caſſiopée.

Entre α de la tête & γ du pied, on trouvera β de la ceinture. Entre cette derniere & α, on remarquera facilement δ, ε & π de la poitrine. Au-deſſous d'ε, il ſera facile de reconnoître ζ & η du bras méridional au-deſſus de π, en tirant à la tête de Cephée, on connoîtra θ du bras, & ι, κ & λ de la main Boréale. Enfin entre α de la tête, & φ du pied Boréal, on remarquera β & μ de la ceinture, & plus loin les étoiles de la jambe.

LE TRIANGLE.

Au Midi, & à peu de diſtance du pied méridional d'Andromede, on remarquera trois étoiles de la quatrieme grandeur qui forment le triangle.

LA TÊTE DE MÉDUSE.

A l'Orient du triangle, on remarquera un grouppe de 5 étoiles, dont la plus orientale eſt de la ſeconde grandeur, & ſe nomme *Algol*. Ce groupe eſt la tête de Méduſe.

Si l'on prend le triangle & la tête de Méduſe pour les deux extrémités de la baſe d'un triangle équilatéral dont le ſommet ſeroit au Midi, on remarquera trois étoiles dont une eſt de la troiſieme grandeur, c'eſt la Conſtellation de la Mouche.

P E R S É E.

En alignant par β de la ceinture & γ du pied méridional d'Andromede, on rencontrera dans le prolongement de la ligne & dans la Voye Lactée, une étoile de la ſeconde grandeur; c'eſt α ou *la Claire* de Perſée. Si l'on conſidere cette étoile comme le ſommet d'un triangle preſque équilatéral dont la baſe ſeroit tournée vers Caſſiopée, on connoîtra θ & γ des deux épaules de Perſée. Si, ſur la baſe de ce triangle, on imagine une ligne perpendiculaire qui paſſeroit par α, on remarquera l'étoile δ qui eſt comme un point duquel les autres étoiles de cette Conſtellation ſe ſéparent en deux parties; l'une ſort de la Voye Lactée, deſcend droit au Midi, & on remarque ſur une file γ, ε & ζ de la jambe Auſtrale. L'autre portion d'étoiles, qui marquent l'autre jambe, eſt dirigée vers une étoile de la premiere grandeur.

LE COCHER D'ÉRICTON, *Pl. 4.*

Cette Conſtellation eſt remarquable par une belle étoile α de la premiere grandeur, qu'on nomme *la Chevre*, & en Arabe *Alhatod*. Elle eſt le ſommet d'un triangle preſque iſocele, dont l'Etoile Polaire & α de Caſſiopée ſeroient les deux angles ſur la baſe.

A l'Orient de la Chevre, il ſera facile de reconnoître β de l'épaule du Cocher. δ à la tête eſt le ſommet d'un triangle dont α & β ſont les deux angles de la baſe. Trois petites étoiles ε, η & ζ ſitués près & au-deſſous de la Chevre marquent le bras. On remarquera au Midi de la Chevre l'étoile du pied Auſtral, commune avec la Corne Boréale du Taureau. D'ailleurs elle eſt le ſommet d'un triangle iſocele dont la Chevre & β ſont la baſe & les deux angles. Si de cette étoile on remonte vers celles de Perſée, il ſera facile de reconnoître ι du pied Boréal, & enfin en alignant de la Chevre, diagonalement entre β de l'épaule & les pieds, on connoîtra θ du poignet & κ du mords.

LA GRANDE OURSE.

En prenant β & γ du Chariot pour la baſe d'un triangle iſocele,

on trouvera, au fommet de la perpendiculaire qui aura une fois &
demie la longueur de la bafe, l'étoile ψ de la cuiffe.

En confidérant cette étoile comme le fommet d'un triangle fcalene,
dont la bafe feroit oppofée à celle du triangle ifocele ci-deffus, on
connoîtra les étoiles des deux pattes de derriere ν, ξ, ainfi que λ &
μ. En alignant par δ & β du quadrilatere, on connoîtra l'étoile θ
& un peu au-deffus ι & κ de la patte de devant; ν du col fera connue
en confidérant qu'elle eft le fommet d'un triangle ifocele dont α &
β du quadrilatere forment la bafe. ν fera connoître h de la joue,
& en alignant par α & h, on connoîtra o du nez.

LE BOUVIER, *Pl.* 7.

Le Bouvier eft remarquable par une belle étoile, de la premiere grandeur, nommée *Arcturus*, qu'on connoîtra en imaginant
une ligne courbe qui de δ du quadrilatere de la Grande Ourfe
pafferoit par ϵ & η de la queuë. Il fera facile de connoître les deux
jambes du Bouvier. L'occidentale porte trois étoiles fort près les unes
des autres, & l'orientale en a quatre prefque fur une feule file.

En alignant par γ du quarré de la Grande Ourfe & η ou l'extrémité de la queuë, on connoîtra la tête du Bouvier, ainfi que λ du bras
occidental. Une ligne, qui pafferoit par δ, ϵ & ζ de la queuë de
l'Ourfe, fera connoître les étoiles de la main, laquelle tient la lifiere
qui attache les Lévriers ou Chiens de chaffe. γ ou l'étoile de l'épaule
occidentale fera connue en alignant par ζ & η de l'Ourfe; δ de
l'épaule oriental fera facile à connoître, parce que ces deux étoiles
des épaules font la bafe d'un triangle dont l'étoile de la tête eft le
fommet. Il n'y aura point de difficulté pour diftinguer les deux étoiles
ϵ & ϱ du milieu du corps, à l'Orient defquelles quatre petites étoiles,
difpofées en parallélograme, feront connoître la main orientale de
laquelle il tient une maffue marquée par des étoiles difpofées en
ligne prefque droite, en remontant parallélement à l'épaule.

LA CHEVELURE DE BÉRÉNICE.

Entre les étoiles de la jambe occidentale du Bouvier, & les deux
étoiles les plus méridionales de la patte de la Grande Ourfe, on
trouvera un grouppe d'étoiles de la quatrieme & cinquieme grandeurs, qui forment la Chevelure de Bérénice.

LA LYRE, *Pl.* 8 *ou* 11.

La Lyre eft remarquable par une belle étoile, de la premiere grandeur, qui paſſe preſque au Zenith de Paris. On la nomme *Wega*, ou la *Claire* de la Lyre; elle forme un grand triangle rectangle avec *Arcturus* & l'Etoile Polaire; elle eſt le ſommet de l'angle droit. Les trois autres principales étoiles de cette Conſtellation ſont faciles à diſtinguer.

HERCULE, *Pl.* 8.

Le pied oriental d'Hercule eſt ſitué très-près & au-deſſous du quadrilatere, qui marque la tête du Dragon.

Si l'on tire une ligne de la *Claire* de la Lyre à *Arcturus*, elle paſſera un peu au Nord de la Couronne : & entre cette Conſtellation & la Lyre, on remarquera un quadrilatere formé par les quatre étoiles η, π, ϵ & ζ qui font le corps d'Hercule.

En alignant par η & ϵ de ce quadrilatere, on connoîtra, au Midi, α l'étoile de la tête, qui eſt de la ſeconde grandeur & aſſez voiſine d'une autre, de la même grandeur, qui eſt la tête du Serpentaire.

Deux étoiles β & γ placées fort près l'une de l'autre, & à diſtance preſque égale entre l'étoile de la tête & le groupe de la couronne, marquent l'épaule occidentale. Le bras oriental eſt indiqué par une traînée d'étoiles, de la quatrieme grandeur, placées en file dans l'eſpace entre la tête, π de la cuiſſe, & la Lyre.

Enfin le groupe de petites étoiles, de la quatrieme & cinquieme grandeurs, qu'on remarquera du côté du Midi, à l'extrémité du bras, & en alignant par les étoiles méridionales de la Lyre & la tête du Serpentaire, on connoîtra les étoiles du Rameau & des Serpens, entrelacés dans la main d'Hercule, nommés *Cerbere*.

LA COURONNE.

Cette Conſtellation eſt à l'Orient du Bouvier auquel elle touche. Elle eſt très-facile à connoître, par la diſpoſition circulaire de ſix étoiles dont la principale α eſt de la ſeconde grandeur. Elles forment un arc dont les deux extrémités regardent le Nord.

LA TÊTE DU SERPENT.

Au-deſſous de la Couronne, on remarquera un aſſemblage d'étoiles, de la troiſieme & quatrieme grandeurs, qui marquent la Tête du Serpent. Elles forment, avec β & γ de l'épaule occidentale d'Hercule, une eſpece d'y, dont la queuë eſt au Midi, & terminée par l'étoile α, de la ſeconde grandeur, qu'on nomme *le Cœur du Serpent*.

LE SERPENTAIRE ET LE SERPENT, *Pl.* 9.

On vient d'indiquer le moyen de connoître *α* la tête du Serpentaire. On peut encore connoître cette étoile par une ligne qu'on tirera de *Wega*, & qui passera par les étoiles les plus orientales du bras d'Hercule.

Si on considere *α* comme le sommet d'un triangle isocele, dont un côté sera dirigé vers le Cœur du Serpent, & l'autre au Sud-Sud-Est; on reconnoîtra, par le premier côté, les deux petites étoiles *ι* & *κ* de l'épaule occidentale, & vers le Sud-Sud-Est, les deux autres étoiles *β* & *γ* de l'épaule orientale.

Comme on a indiqué ci-dessus la tête & le cœur du Serpent, si on suit une file d'étoiles, de la troisieme & quatrieme grandeurs, disposées en zigzag, & qui par leur ensemble décrivent une courbe dont les deux extrémités regardent le Nord, on reconnoîtra 12 étoiles *ε, μ, δ, ε, ζ, η, ν, ξ, ν, ζ, η* & *θ* qui forment le serpent, excepté cinq qui sont du Serpentaire, & qu'on distinguera par la figure de la Constellation.

Du nombre de ces cinq étoiles sont *ζ* au genou occidental & *η* au genou oriental. Quand on les aura reconnues, il n'y aura plus de difficulté pour reconnoître les petites des deux jambes. Enfin les deux étoiles *λ* & *m* du bras occidental, seront aisément connues par leur situation entre *ι* & *κ* de l'épaule & *ε* & *δ* de la main.

L'AIGLE, *Pl.* 10.

Trois étoiles disposées sur une ligne droite, font distinguer particuliérement l'Aigle. Une ligne tirée de *β* de la tête du Dragon par *Wega* & prolongée vers le Midi, rencontrera la plus belle de ces trois étoiles *α* qu'on nomme *Altaïr* ou la *Claire* de l'Aigle. Elle est de la premiere grandeur. Les deux autres, *β* au-dessous & *γ* au-dessus, en sont très-voisines.

En alignant d'*Altaïr* au Rameau & Cerbere d'Hercule, & plus loin à la Couronne, on reconnoîtra les deux étoiles *ε* & *ζ*, qui sont réputées la queuë de l'Aigle. Son aile Boréale n'a aucune étoile bien remarquable. *δ* de l'aile méridionale sera aisément connue, parce qu'elle est à l'Orient de *θ*, l'extrémité de la queuë du Serpent; &, entre *δ* & *γ*, on trouvera l'étoile *μ*.

ANTINOUS.

Cinq étoiles de la troisieme grandeur forment cette Constellation.

(23)

Elles font faciles à connoître. Quatre immédiatement au Midi *d'Altaïr*;
favoir, *n* de l'épaule, *ι* du nombril, *θ* du bras oriental, & *x* de la
cuiffe, forment un grand quadrilatere. La 5.me *λ* du pied occidental
fera reconnue par une Diagonale menée de *θ* du bras, entre *ι* & *x*
de ce quadrilatere.

LA FLÊCHE.

La Flêche eft fituée au Nord *d'Altaïr*. On n'y remarque que quatre
petites étoiles de la quatrieme grandeur. Deux, dont l'une au Nord,
& l'autre au Sud, & fort près l'une de l'autre, marquent la plume.
Les deux autres, fituées en ligne droite, & tirant vers l'Orient,
marquent le corps de la Flêche.

LE DAUPHIN.

La Conftellation du Dauphin eft remarquable par un petit lofange
formé par quatre étoiles, de la troifieme grandeur, qui font dans la
tête. Ce lofange forme, du côté de l'Orient, le fommet d'un triangle
dont les trois étoiles de l'Aigle & celles de la Flêche font la bafe &
les deux angles. Une cinquieme étoile plus méridionale & peu éloignée du lofange, forme, avec les quatre autres, toute la Conftellation.

LE CIGNE, *Pl.* 11.

La Conftellation du Cigne eft à l'Orient de la Lyre. Ses principales étoiles, qui font de la feconde & troifieme grandeurs, forment
une grande croix bien remarquable dans la Voye lactée. L'étoile *α*
la plus brillante, qu'on nomme *la Claire*, marque l'extrémité fupérieure de la Croix. Cette étoile fera connue, parce qu'elle eft exactement au Nord du lofange du Dauphin, & qu'elle eft le fommet
d'un triangle ifocele dont le Dauphin & la Flêche feroient les deux
angles & la bafe. D'ailleurs cette étoile eft dans l'alignement de
γ & *α* de Cephée. L'extrémité inférieure de la croix eft *β* ou le bec
du Cigne qu'on reconnoîtra par une ligne menée *d'Altaïr* par les
deux de la plume de la Flêche. Le centre de la croix *γ* fe trouve
entre *α* & *β*. Les deux extrémités du croifillon indiquent les deux
ailes, dont l'une eft dirigée vers la tête du Dragon, & l'autre lui
eft oppofée. Enfin deux étoiles *π*, très-près l'une de l'autre, placées
au-delà de l'extrémité fupérieure de la croix & à peu de diftance
de la tête de Cephée, marquent l'extrémité de la queuë de cette
Conftellation.

LE PETIT CHEVAL, *Pl.* 12.

Le Petit Cheval, situé au Sud-Est, & assez près du Dauphin, se remarque par quatre étoiles de la quatrieme grandeur, qui forment un petit trapeze. Une ligne tirée de *Wega* par le losange du Dauphin, indiquera ce trapeze.

PÉGASE.

La Constellation de Pégase, à l'Orient du Petit Cheval, est remarquable par un grand quadrilatere formé par quatre principales étoiles, de la seconde grandeur, dont une est commune avec la tête d'Andromede. Les trois autres sont nommées, l'une *Algenib*, l'autre *Markab*, & la troisieme *Scheat* ; celle-ci sera connue, si on tire une ligne d'*Altaïr* par le losange du Dauphin, ou bien par une autre ligne tirée de *Wega*, & qui passeroit par γ, centre de la Croix du Cigne. Une autre ligne tirée d'*Altaïr* par ε, la plus méridionale du Dauphin, fera connoître *Markab* qui est au Sud direct de *Scheat*. En alignant par α *la Claire du Cigne* & par *Scheat*, on rencontrera *Algenib* ; & si de *Markab* on tire une diagonale entre *Scheat* & *Algenib*, on connoîtra la quatrieme du quadrilatere commune avec la tête d'Andromede.

Une ligne tirée de la Flêche par le losange du Dauphin, fera connoître ε du nez, & plus loin θ de la tête. Si de θ on aligne à *Markab*, on connoîtra ζ du col. L'alignement de *Scheat* à γ, centre de la croix du Cigne, fera connoître η & π du pied Boréal. En alignant encore de *Scheat* à la Flêche, on connoîtra ι & $\varkappa$ de l'autre pied, & entre *Markab* & η du pied Boréal, il sera aisé de reconnoître les deux étoiles λ & μ.

LE BELIER, *Pl.* 13.

Le Bélier n'a que trois étoiles qui soient remarquables. α la principale, qu'on nomme encore *la Claire*, est de la seconde grandeur. On la connoîtra, en imaginant une ligne qu'on tireroit du pied de Cassiopée ε, qui passeroit par γ pied d'Andromede, & ensuite entre les étoiles du Triangle. Une autre ligne, tirée de δ de Persée par *Algol* de la tête de Méduse, fera aussi connoître α du Bélier. Les deux autres β & γ seront faciles à connoître en considérant qu'elles sont à l'Occident & peu éloignées de la principale α.

LE TAUREAU, *Pl.* 14.

La Constellation du Taureau est facile à connoître, à cause de la belle

(25)

la belle étoile de son œil, qui est de la premiere grandeur, qu'on
nomme *Aldebaram*, & par les *Pléïades*, que tout le vulgaire connoît
sous le nom de *la Poussiniere*. On connoîtra *Aldebaram*, si on imagine une ligne menée de l'Etoile Polaire entre Persée & le Cocher,
sans passer par aucune étoile. Cette ligne laissera *la Chevre* à l'Orient.
Si de ε, pied de Cassiopée, on tire une ligne par α *la Claire* de
Persée, elle indiquera encore *Aldebaram*. On remarquera que cette
étoile est à l'extrémité d'un des jambages d'un ⟩ formé par cinq
étoiles qu'on nomme *les Hyades*.

Les *Pléïades* sont entre *les Hyades* & le Triangle, & un peu au
Nord d'une ligne qu'on tireroit d'*Aldebaram* à l'étoile α du Bélier.

Il n'y a plus que deux étoiles principales du Taureau à connoître,
ce sont les deux cornes. La Boréale β est commune avec le pied du
Cocher, ainsi qu'on l'a déja observé ; & la Corne australe ζ est au
Midi & un peu à l'Orient de la précédente. Toutes les deux sont
sur le bord de la Voye Lactée.

LES GEMEAUX, *Pl.* 15.

Deux étoiles α & β distantes d'environ 4 degrés l'une de l'autre,
marquent les têtes des Gemeaux. En considérant l'étoile de *la Chevre*
comme le sommet d'un triangle isocele, qui auroit la base au Midi,
& dont *Aldebaram* seroit l'angle occidental, α ou *Castor*, l'étoile
la plusBoréale, sera l'angle oriental. Une ligne tirée de η, la derniere
de la queuë de la Grande Ourse par γ du Chariot, fera encore connoître cette étoile. β ou *Pollux*, qui est méridionale & orientale, sera
facilement connue.

Les étoiles des pieds des Gemeaux sont disposées sur une ligne
droite presque parallele à celle que forme la distance entre les
têtes. γ qui est la principale de cette ligne, est au Sud-Ouest de α
& β, & dans l'alignement de η par γ de la Grande Ourse. γ fera
connoître ξ vers le Midi, ainsi que μ, ν & η, en tirant vers le corps
du Cocher. Entre ξ & β ou *Pollux*, on trouvera δ du corps. Entre
μ & α, ou *Castor*, on rencontrera ε du genou le plus septentrional.
ζ de l'autre genou est entre γ & δ. Quatre autres étoiles κ, ι, τ &
θ, placées aux épaules & au bras boréal, feront bientôt connuës par
leur disposition sur une ligne droite qui tire à *la Chevre*.

LE CANCER, *Pl.* 16.

Le Cancer n'a que quelques étoiles de la quatrieme grandeur.
Si on tire une ligne de *la Chevre* par β ou *Pollux* des Gemeaux,
on rencontrera α de la serre méridionale. Une autre ligne tirée

F

d'*Aldebaram* par γ des pieds des Gemeaux, fera auſſi connoître cette ſerre auſtrale. β l'étoile la plus au Midi ſera connuë ſi de α on tire au Sud-Oueſt vers une étoile de la premiere grandeur. γ & δ de la tête feront connues, parce qu'elles ſont près d'une nébuloſité fort remarquable formée par la réunion de pluſieurs petites étoiles de la ſixieme grandeur.

LE LION, *Pl.* 17.

Le Lion eſt remarquable par la belle étoile α de la premiere grandeur, nommée *Regulus* ou *le Cœur du Lion*. On la connoîtra en tirant une ligne par δ & γ du quadrilatere de la Grande Ourſe. Cette ligne aura paſſé par γ de la criniere. Cette derniere étoile forme avec η, ζ, μ & ε une ligne courbe dont la concavité eſt tournée vers le Cancer. Cette courbe marque le corps & la tête. Elle fera reconnoître les deux étoiles κ & λ, la premiere au muſle, & l'autre à la gueule.

En alignant de *Regulus* vers *Arcturus*, un peu au-deſſous, on connoîtra β, de la premiere grandeur, ou l'étoile de la queuë. δ de la croupe ſera connue en alignant de *Regulus* à la Chevelure de Bérénice. θ, ι, τ, υ, e & φ, qui marquent le train & les pieds de derriere de cette Conſtellation, feront connues, parce qu'elles ſont diſpoſées ſur une ligne preſque droite, qui commence par δ de la croupe.

En alignant de β par α ou *Regulus*, on connoîtra ξ & ο des griffes de devant.

LA VIERGE, *Pl.* 18.

La Vierge a auſſi une belle étoile de la premiere grandeur, qu'on nomme *l'Epy* ou *Azimech*. Une ligne, qui paſſeroit par la tête du Bouvier & par *Arcturus*, rencontrera, vers le Midi, cette étoile, qui d'ailleurs forme, avec *Arcturus* & la queuë du Lion, un triangle preſque équilatéral. Les autres étoiles les plus viſibles de la Vierge ſont de la troiſieme & quatrieme grandeurs.

Si d'*Arcturus* on tire une ligne par la jambe occidentale du Bouvier, la premiere étoile qu'on rencontrera ſera ε ou l'aile boréale; la ſeconde, qu'on trouvera ſur le même alignement, ſera β au ſommet de l'aile méridionale. Si de cette étoile on ſuit une ligne, qui paſſeroit un peu au Nord de *l'Epy*, on connoîtra η, γ, & θ de la même aile méridionale. En prolongeant cet alignement, on connoîtra κ & λ du pied auſtral.

Si de ces deux étoiles on tire à la jambe orientale du Bouvier, on reconnoîtra ι & φ du bas de la robe, & ces deux dernieres feront connoître μ du pied boréal.

Entre γ & ε, on trouvera δ. Entre δ & β, sommet de l'aile australe, on rencontrera c à la poitrine, & enfin ζ sera connue en alignant de *l'Epy* à la jambe occidentale du Bouvier.

La tête de la Vierge est bien marquée par un quadrilatere formé par quatre étoiles, de la cinquieme grandeur, situées entre la queuë du Lion & l'étoile β de l'aile australe.

LA BALANCE, *Pl.* 19.

Les deux bassins de la Balance sont marqués par deux étoiles de la seconde grandeur. α ou le bassin austral sera connu en suivant la ligne des étoiles de l'aile méridionale & du pied austral de la Vierge. On connoîtra β ou le bassin boréal, en alignant de α à *Wega*.

On remarquera facilement γ & ι dans l'un & l'autre bassin, parce que ces deux étoiles sont placées sur une ligne parallele à celle de α & β avec lesquelles elles forment un quadrilatere.

LE SCORPION, *Pl.* 19.

Le Scorpion est remarquable par l'étoile de son cœur, de la premiere grandeur, nommée *Antares*, qu'on reconnoîtra en tirant de *Wega* une ligne qui passeroit un peu à l'Orient de α la tête du Serpentaire, ou en considérant que *Wega*, *Arcturus* & *Antares* forment un triangle isocele dont *Arcturus* est le sommet.

Entre *Antares* & la Balance, on remarquera des étoiles disposées en courbe, dont la principale est β ou la tête du Scorpion, de la seconde grandeur. On connoîtra aisément sa queuë, si d'*Antares* on tire vers le Sud-Est, en suivant une file formée par des étoiles de la troisieme & quatrieme grandeurs, dont l'extrémité recourbe vers *Antares.*

LE SAGITTAIRE, *Pl.* 20.

Le Sagittaire n'a que des étoiles de la troisieme & quatrieme grandeurs. Les plus remarquables sont γ, δ, ζ & σ de la flêche & de l'arc. Elles sont à l'Orient, presque direct d'*Antares*, & en tirant de σ à *Altaïr*, *la Claire* de l'Aigle, on connoîtra la tête du Sagittaire.

LE CAPRICORNE, *Pl.* 21.

Le Capricorne n'a que cinq étoiles qu'on puisse bien remarquer, deux à la tête, situées l'une au-dessous de l'autre, & dont la supérieure est double. On les connoîtra par une ligne, qu'on tirera de *Wega* par *Altaïr*. Les trois autres étoiles sont à la queuë. On les distinguera en tirant une ligne de *Wega* par l'extrémité orientale de la Flêche, ou bien en alignant de γ, centre de la croix du Cigne, par le quarré du Petit-Cheval.   F ij

LE VERSEAU, *Pl.* 21.

Le dernier alignement que nous venons d'indiquer, fait connoître β ou l'épaule occidentale du Verſeau. Entre cette étoile & la double de la tête du Capricorne, on trouve ε & μ du voile. Si on prolonge vers l'Orient une ligne qu'on meneroit par ces trois étoiles, on connoîtra γ du bras avec les trois autres étoiles de l'urne. Si de γ on tire au petit cheval, on connoîtra α ou l'épaule orientale.

Si des quatre étoiles de l'urne on tire une ligne à la queuë du Capricorne, on connoîtra θ & ι au Midi. δ ou la jambe orientale ſera connue, ſi on conſidere qu'elle forme un triangle avec les quatre étoiles de l'urne & la queuë du Capricorne.

Au Midi de δ, on remarquera une belle étoile, de la premiere grandeur, nommée *Fomalhaut*, qui eſt la principale du Poiſſon Auſtral; & en ſuivant, entre cette étoile & les quatre de l'urne, une file de petites étoiles qui forment une courbe, dont la concavité eſt à l'Orient, on connnoîtra le fleuve du Verſeau.

LES POISSONS, *Pl.* 22.

Cette Conſtellation, qui occupe un grand eſpace dans le Ciel, n'a qu'une ſeule étoile de la troiſieme grandeur, cinq autres de la quatrieme, & tout le reſte eſt de la cinquieme & ſixieme. Si du pied d'Andromede γ on tire une ligne par α, la principale du Bélier, on connoîtra au Midi α le nœud du ruban qui unit les Poiſſons. Une ligne tirée de *Scheat* de Pégaſe, & qui laiſſera *Markab* un peu à l'Occident, rencontrera près de l'Equateur γ la principale du Poiſſon Occidental. Le Poiſſon Oriental & Boréal en même tems eſt ſitué entre *Algenib* de Pégaſe & le Triangle, & appuyé par le bras méridional & le corps d'Andromede.

Si de α, ou le nœud, on ſuit une direction au Poiſſon Boréal, & une autre au Poiſſon Occidental, on connoîtra les rubans par les files de petites étoiles qui les marquent.

LA BALEINE, *Pl.* 23.

La Baleine eſt une Conſtellation fort étendue qui occupe, au Midi, l'eſpace ſous le Bélier & les Poiſſons. Sa tête eſt remarquable par l'étoile α du nez, de la ſeconde grandeur, qu'on connoîtra en tirant une ligne de β la ceinture d'Andromede, & qui paſſera entre les cornes du Bélier en laiſſant α *la Claire* à l'Orient. D'ailleurs elle forme le ſommet d'un triangle équilatéral avec α du Bélier & les *Pléïades*. Cette étoile fera connoître facilement les ſix autres de la tête de la Baleine. Celle du col ο, qui varie en grandeur, sera connue en tirant une ligne *d'Aldebaram* par α du nez.

Si des *Pléiades* on tire une ligne encore par α du nez, on connoîtra au Sud-Ouest quatre étoiles ε, π, ς & σ, qui forment un quadrilatere à l'épaule. Une ligne, tirée de β de Cassiopée par la Variante ο, indiquera encore ces quatre étoiles. ζ au cœur & τ au ventre sont à l'occident de ce quarré. Plus à l'Occident encore, on connoîtra à la croupe η & θ. Ces quatre étoiles forment aussi un quadrilatere.

β, à la volute de la queuë, sera connue, si on tire une ligne du milieu du quadrilatere de l'épaule par τ ; & enfin ι, ou l'extrémité de la queuë, sera facile à connoître en tirant une ligne de α la tête d'Andromede par γ, *Algenib*, de Pégase.

O R I O N , *Pl.* 24.

Orion, la plus belle des Constellations, est situé au Sud-Est du Taureau & Sud-Ouest des Gemeaux. Il n'est presque personne qui ne connoisse son baudrier que le vulgaire nomme *les trois Rois*, ou *le Rateau*.

Si de β, la tête de *Pollux*, on aligne par γ du pied, on connoîtra α l'épaule orientale d'Orion. L'Occidentale sera connue, en alignant des *Pléiades* par *Aldebaram*. On connoîtra *Rigel*, au pied occidental, en alignant de l'épaule orientale par les trois étoiles du baudrier. κ ou le genou oriental, forme un quarré avec *Rigel* & les deux épaules. η & ι du sabre, ainsi que ν sont au-dessous des trois du baudrier.

La tête de cette Constellation est facile à connoître, parce que les trois étoiles qui la marquent, font un triangle avec les deux épaules. Enfin les 8 étoiles, de la quatrieme grandeur, qui marquent la peau qui lui sert de bouclier, sont toujours faciles connoître par leur file courbe entre γ de l'épaule & les étoiles du Taureau.

L' E R I D A N, *Pl.* 24.

Si de *Rigel* ou le pied d'Orion on suit, du côté de l'Occident, une file d'étoiles de la troisieme & quatrieme grandeurs, qui serpentent, on connoîtra l'Eridan qui paroît aboutir au quadrilatere de l'épaule de la Baleine ; mais si de ce quadrilatere on tire au Sud-Est, on retrouvera la suite de la même file d'étoiles qui feront connoître toute la partie visible de l'Eridan. γ la principale de cette Constellation se trouve à-peu-près au milieu, entre *Rigel* d'Orion & le quadrilatere de la Baleine, & enfin ν, la principale de la seconde partie de l'Eridan, borde à-peu-près l'Horizon.

LE LIEVRE.

Le Lievre est exactement au Midi, sous les pieds d'Orion. Ce qui marque le plus dans cette Constellation sont les quatre étoiles de ses pattes, α, β, γ & δ qui forment un quadrilatere. Les autres étoiles de la tête & du corps seront alors faciles à connoître.

Au Midi du Lievre, on trouve les étoiles de la Colombe, visibles dans les Provinces du milieu & du Midi du Royaume.

LE GRAND CHIEN, *Pl.* 25.

La plus belle de toutes les étoiles de la premiere grandeur, est *Syrius* à la gueule du Grand Chien. Elle est située à l'Orient du Lievre, & pour la mieux reconnoître, il n'y a qu'à tirer de la pointe des *Hyades* une ligne par le baudrier d'Orion.

Syrius fera connoître à l'Occident β à la patte Boréale, & à l'Orient les étoiles de la tête. En abaissant, des étoiles de la tête, une perpendiculaire au Midi, on connoîtra δ, ϵ & $\varkappa$ du corps. Enfin ζ de la patte Australe, ainsi que η de la queuë seront connues, parce que l'une est à l'Orient, & l'autre à l'Occident de ϵ.

LE PETIT CHIEN.

Le Petit Chien, qui est à l'Orient direct de l'épaule d'Orion, porte une étoile, de la premiere grandeur, nommée *Procyon*, qui avec *Syrius* & l'épaule orientale d'Orion, forme un triangle équilatéral. En tirant de *Procyon* aux pieds des Gémeaux, on connoîtra la seconde étoile du Petit Chien.

LE NAVIRE.

Quatre étoiles, que l'on voit à l'Orient de celles du corps du Grand Chien, sont la proue du navire. Plus à l'Orient encore, on en voit deux ou trois qui marquent la mâture, c'est toute la seule partie visible de cette Constellation.

L'HYDRE, *Pl.* 26.

L'Hydre est une longue Constellation, qui occupe un quart de la circonférence, sous les étoiles du Cancer, du Lion & de la Vierge. Sa tête marquée par quatre étoiles de la quatrieme grandeur, est exactement à l'Orient du Petit Chien, & dans une ligne tirée de l'épaule orientale d'Orion par *Procyon*.

Si de γ de la criniere du Lion on mene une ligne par *Regulus*, cette ligne prolongée vers le Midi paſſera à l'Orient d'une étoile de la ſeconde grandeur α ou *le Cœur*. On reconnoîtra encore cette étoile par une autre ligne tirée des têtes des Gémeaux, & qui paſſera par la tête de l'Hydre.

Deux étoiles de la quatrieme grandeur θ & ɩ, qui de la tête deſcendent vers le Cœur, marquent le nœud du col.

En ſuivant, depuis le Cœur vers le Sud-Eſt, une file de 9 étoiles de la quatrieme & cinquieme grandeurs, qui ſerpentent, on connoîtra le corps de l'Hydre juſqu'à la Coupe, qui ſe trouve exactement au Midi des étoiles des pattes de derriere du Lion.

LA COUPE.

Si des étoiles du nez & de la gueule du Lion on tire une ligne par *Regulus*, on trouvera ſix étoiles, de la quatrieme grandeur, diſpoſées en arc de cercle. C'eſt le corps de la Coupe qu'on reconnoîtra encore, en tirant une autre ligne d'*Arcturus* par ♌ de la Vierge. Ce dernier alignement prolongé paſſera entre α & β du pied de la Coupe, placé ſur le corps de l'Hydre.

LE CORBEAU, *Pl.* 27.

Quatre étoiles de la troiſieme grandeur, diſpoſées en quadrilatere, marquent le Corbeau qui touche preſque à la Coupe, du côté de l'Orient, & qu'on reconnoîtra, en tirant une ligne de l'Epy de la Vierge à β du pied de la Coupe, ou de β de la queuë du Lion à travers les quatre petites étoiles de la tête de la Vierge. La tête du Corbeau eſt facile à remarquer, à cauſe de l'étoile ε, de la quatrieme grandeur, qui eſt près de α du bec.

Deux étoiles de la quatrieme grandeur, qui ſont au Midi de l'eſpace entre le Corbeau & la Coupe, marquent la ſuite du corps de l'Hydre qui n'a plus, au-delà du Corbeau, que deux étoiles remarquables, ſavoir γ de la troiſieme grandeur & π de la quatrieme. On connoîtra γ, étant la premiere étoile à l'Orient direct de β du Corbeau. π qui eſt à l'extrémité de la queuë, forme une ligne droite avec ♌ de la Vierge & l'Epy.

LE CENTAURE, *Pl.* 19.

Les quatre étoiles, de la quatrieme grandeur, qui ſont à la tête du Centaure, ſont viſibles ſur l'Horizon de Paris, ainſi que θ & ɩ aux deux épaules. Elles ſont directement au Midi de l'Epy de la Vierge.

Cette Conſtellation n'eſt viſible qu'à moitié dans nos Provinces Méridionales.

LE LOUP, *Pl.* 19.

Il en eſt du Loup comme du Centaure. Sa tête, qui n'a que des étoiles de la cinquieme grandeur, eſt peu éloignée au Sud-Oueſt d'*Antares* cœur du Scorpion.

Nous ne dirons rien des Conſtellations modernes, parce qu'elles feront facilement connues par les eſpaces intermédiaires qu'elles occupent entre les Conſtellations anciennes dont nous venons de parler. D'ailleurs elles n'ont toutes que des étoiles de la quatrieme grandeur & au-deſſous.

Quoique pour étudier & connoître les étoiles nous ayons ſuivi l'ordre des Cartes d'Occident en Orient, & que cette étude ſoit partagée ſelon les trois Zones qui embraſſent les trois ordres des Conſtellations. Cependant on peut étudier tout à-la-fois les trois Zones enſemble, en conſidérant les Conſtellations qui ſont ſous le même Méridien, ainſi que nous l'avons expliqué, *pag.* 11 *& ſuiv.*

DES PLANETES.

IL NE FAUT PAS confondre avec les étoiles fixes les Planetes qui paſſent de Signe en Signe, quoiqu'elles paroiſſent auſſi brillantes que les étoiles de la premiere grandeur. Il eſt cependant facile de les diſtinguer les unes des autres. Les étoiles ont une lumiere vive & ſcintillante, au lieu que la lumiere des Planetes eſt morne & ne ſcintille point du tout, excepté quand elles ſont à l'Horizon; mais, comme ce n'eſt point aſſez de les diſtinguer des étoiles, il faut les déſigner entre elles. *Mercure* n'eſt preſque jamais viſible, parce qu'il eſt trop près du Soleil. *Venus* paroît plus groſſe que les étoiles de la premiere grandeur, & ſa lumiere eſt jaunâtre. *Mars* eſt de la couleur du fer rouge. *Jupiter* paroît comme *Syrius*; mais ſa lumiere eſt blanche & argentine, & celle de *Syrius* eſt bleuâtre. *Saturne* ne paroît pas beaucoup plus gros que Mars; mais ſa lumiere eſt d'un blanc terne, & tirant un peu ſur le rouge, comme Mars.

Si malgré ces indications, qui ſont propres à chaque Planete, on éprouvoit quelque embarras pour les reconnoître, & ſi on vouloit les trouver facilement dans le Ciel & marquer leur place ſur les cartes, il faudroit avoir recours aux Ephémérides, ou bien à la connoiſſance des Tems; &, par leur longitude & leur latitude, ou bien par leur paſſage au Méridien, on reconnoîtra qu'elles ſont les étoiles dans le voiſinage deſquelles ſe trouve chaque Planete.

PROBLÉME I.

PROBLÊME I.

*Connoître quelles font les Etoiles qui font toujours vifibles
fur l'Horizon d'un lieu.*

CONNOISSANT la latitude du lieu , toutes les étoiles dont la
diftance du Pole n'excéde pas la latitude de ce lieu , ne fe coucheront
point. Il n'y aura que celles dont la déclinaifon Boréale fera moindre
que le complément de la latitude qui fe coucheront. C'eft ainfi que
l'on voit toujours fur l'Horizon de Paris toutes les étoiles qui ont
plus de 41 degrés 10 minutes de déclinaifon feptentrionale, ou qui
n'excédent pas 48^d 50^m de diftance du Pole ; d'où l'on doit conclure que les étoiles dont la déclinaifon égale la latitude, paffent
au Zénith.

PROBLÊME II.

Tracer une Méridienne par le moyen des étoiles.

IL FAUT CHOISIR deux étoiles, qui ne different pas en afcenfion droite, pour les obferver quand elles pafferont vers le Midi
ou vers le Nord. On fufpendra deux fils à plomb qui foient pour
le moins à une diftance de 4 ou 5 pieds l'un de l'autre. Il faut
que les extrémités des deux plombs fe terminent par deux pointes
très-fines qui foient l'extrémité de leur Axe. Quand l'un des deux fils
couvrira les deux étoiles, elles feront au Méridien & on diri-
gera le fil de derriere de façon qu'il couvre auffi les deux étoiles.
Ces deux fils feront alors dans le plan du Méridien ; & fi on marque
à terre les points des extrémités des deux plombs pour tirer une
ligne par ces deux points, ce fera la Méridienne cherchée.

Il faut remarquer que ce n'eft qu'après plufieurs obfervations
qu'on peut être bien affuré que les deux fils font dans le plan du
Méridien; qu'il faut, pour plus grande juftefle, que les deux étoiles
aient une différence un peu confidérable en déclinaifon, au moins
de 25 degrés. On peut pour cela choifir l'épaule du Cocher β &
α l'épaule d'Orion: ou α la tête d'Andromede , & β la chaife de
Caffiopée: ou enfin ε de Caffiopée, l'Etoile Polaire & η la derniere
de la queuë de la Grande Ourfe. On peut, par préférence, choifir
ces trois dernieres étoiles, parce que, quand deux font au Méridien inférieur ou fupérieur, la troifieme eft au Méridien oppofé, &
peut fervir de vérification à la premiere Obfervation.

G

PROBLÊME III.

*Trouver l'heure du Passage de telle Etoile qu'on voudra,
par le Méridien, pour un jour donné.*

PRENEZ, dans le Catalogue, l'Ascension droite de l'étoile dont
on veut trouver le Passage par le Méridien, vous la réduirez en
tems (au moyen de la Table, *page 15*) & l'ajouterez au passage
d'*Aries*, par le Méridien, pour le jour donné.

Si la somme n'excéde point 12 heures, elle marquera l'heure
cherchée pour le jour proposé ; si la somme est plus de 12 heures
& moins de 24, & si le passage d'♈ est marqué *Matin*, ôtez-en
12 heures, le reste sera l'heure du passage de l'étoile par le Méridien
au soir du jour proposé ; mais si le passage d'*Aries* est marqué *Soir*,
prenez celui du jour précédent, & l'ayant ajouté à l'Ascension
droite de l'étoile, ôtez 12 heures de la somme, le reste sera l'heure
du passage de l'étoile par le Méridien pour le matin du jour proposé.

Et au cas que la somme excéde 24 heures, ôtez-en 23^h 56′ 4″, le
reste sera l'heure du passage, le matin ou le soir, selon que le passage
d'*Aries* sera marqué *Matin* ou *Soir*.

EXEMPLE.

On veut savoir l'heure du passage d'*Aldebaram* par le Méridien
de Paris, le 10 Octobre de l'année 1780. Prenez, dans le Catalogue,
l'Ascension droite de cette étoile, que vous réduirez en tems, qui
est de 4^h 23′. Comme le passage d'♈ par le Méridien, le 10
Octobre, est à 10^h 57′ du soir, qui avec 4^h 23′ feroient plus de 12
heures, & donneroient l'heure du passage de l'étoile le 11 Octobre
au matin, on prendra l'heure du passage d'♈ par le Méridien, le 9
Octobre, qui est à 11 heures, on l'ajoutera à l'Ascension droite
d'*Aldebaram*, & on aura 15^h 23′, d'où retranchant 12 heures, il
restera 3^h 23′ pour l'heure du passage d'*Aldebaram* par le Méridien,
le 10 Octobre 1780 au matin.

On aura, par cette méthode, l'heure du passage de l'étoile par
le Méridien, à quelques minutes près ; parce qu'il faut encore
retrancher la partie proportionnelle entre l'heure, des passages d'♈
d'un jour à l'autre, qui diminue d'environ 4 minutes par jour. Cela
fait une minute, par chaque fois 6 heures écoulées depuis le passage d'♈ jusqu'à celui de l'étoile, & qu'on ôtera de l'heure trouvée du passage de l'étoile par le Méridien.

Nous devons prévenir que cette méthode n'est que d'approxi-
mation, & qu'elle ne donne point la précision des secondes à l'heure
du passage de l'étoile par le Méridien. Le problême le plus simple
& le plus général est de chercher l'Ascension droite du soleil pour

le jour & l'heure donnée , & la retrancher de l'Afcenfion droite
de l'étoile ; mais fi celle de l'étoile eft trop petite pour pouvoir en
ôter celle du foleil, on l'augmentera de 24 heures, & le refte ou
la différence donnera l'heure du paffage de l'étoile par le Méridien,
le foir du jour propofé, fi ce refte n'excéde pas 12 heures, ou le
matin du jour fuivant, fi le refte excéde 12 heures.

PROBLÊME IV.

*Trouver l'Afcenfion droite du Soleil en tems, pour chaque jour
de l'Année.*

IL FAUT d'abord faire ufage de la Table du paffage du premier point
du Bélier par le Méridien pour le jour que l'on veut connoître
l'Afcenfion droite du foleil. Si le premier point d'♈ paffe le matin,
l'intervalle de tems entre le paffage d'♈ & Midi mefure l'Afcenfion
droite du foleil. Si ♈ paffe au Méridien le foir , ce qui refte pour
aller à 24 heures eft l'Afcenfion droite du foleil pour l'heure du
paffage d'*Aries* par le Méridien.

CALCUL PLUS EXACT.

Si le lieu du foleil eft connu, felon les Ephémérides, on con-
noîtra l'Afcenfion droite du foleil en faifant l'analogie fuivante :
Le Rayon
Eft au Sinus du complément de l'obliquité de l'Ecliptique 23^d 28′
Comme la Tangente de la Longitude du Soleil ,
Eft à la Tangente de l'Afcenfion droite.

Il y a dans ce problême quatre cas à réfoudre ; dans le premier
& troifieme cas , on compte depuis ♈ & ♎ & la difficulté ne tombe
que fur le 3.me cas , parce qu'il faut ajouter 180^d à l'Afcenfion droite.

Quant au deuxieme & quatrieme cas, il faut prendre les complémens de la longitude du foleil au demi-cercle ou bien à 360^d,
& le calcul donnera pareillement les complémens de l'Afcenfion
droite du foleil au demi-cercle, ou bien au cercle entier.

On diftinguera donc pour ces quatre cas les longitudes du foleil
qui furpaffent 90^d 180^d & 270^d. On peut les réfoudre fans calcul,
par *l'Echelle Logarithmique* qui eft fur les Compas, ou Secteurs An-
glois, & que nous avons fait graver, *Planche 30, Fig. 3.*

PROBLÊME V.

*L'inftant du Paffage d'une Etoile au Méridien étant donné ,
trouver l'heure vraie.*

SOIT UNE ÉTOILE, telle que l'étoile *Arcturus* dans la jambe du
Bouvier, vue à fon paffage par des fils à plomb fur une ligne méridienne, & que l'horloge à pendule ou une montre de poche foit

fuppofée marquer au 1.ᵉʳ Juillet 1780 7ʰ 21′ du foir, on demande combien l'horloge avance ou retarde pour lors fur l'heure vraie.

OPÉRATION.

Afcenfion droite d'*Arcturus* au 1.ᵉʳ Juillet 1780. 211ᵈ 25′ 20″
Celle du foleil à 7 heures 21 minutes.......... 100 46

La différence....................... 110ᵈ 39′ 20″
qui valent en tems 7ʰ 22′ 37″, heure vraie de l'obfervation. Ainfi, la montre ou l'horloge à pendule retarde dans cette fuppofition d'une minute & 37′ feulement.

REMARQUE.

Si l'étoile paffe du côté du Nord au-deffous du Pole, telles que celles de la Grande Ourfe, ou la brillante étoile de la Chevre, on fera la même opération que ci-deffus ; mais on en retranchera environ deux minutes.

PROBLÊME VI.

Une Etoile paffant par un Vertical ou Azimut quelconque, qu'on fuppofe connu, trouver l'heure.

CE PROBLÊME fuppofe qu'on fache quelle eft la hauteur du Pole ou la latitude du lieu, & comme l'ufage a introduit de réduire les régles de Trigonométrie en Equations, effet naturel des analogies, on aura : Cotang x = Cofin. $a \times$ tang b.

a défigne la diftance Z P du Zénith au Pole *(Fig. 1 Pl. 30.)*, b l'angle azimutal Z formé par le Méridien & l'Azimut, d la diftance au Pole S P, & enfin x la premiere partie de l'angle requis, formé par le Méridien & par la perpendiculaire au côté oppofé qui le fousdivife ou qui fort en dehors, felon le cas de cet angle au Pole.

L'ufage des Logarithmes rend le calcul très-facile ; mais fi on n'a pas fous la main les Tables des finus & leurs Logarithmes, on peut y fuppléer par l'échelle logarithmique.

EXEMPLE.

Soit un Aftre dans l'Equateur & fa diftance S P au Pole Boréal P de 90ᵈ. Ce fera, fi l'on veut, le centre du Soleil, le jour de l'Equinoxe.

Ayant abaiffé du Pole P fur le Plan Vertical ou Azimut donné n S Z D, (lequel décline du Midi à l'Orient de 70ᵈ $\frac{1}{2}$ par exemple) la perpendiculaire ou cercle horaire P D, & qui le rencontre dans fa partie occidentale, où l'on fuppofe ce Plan Vertical prolongé, on doit avoir en ce cas S Z D de 90ᵈ, puifque les grands cercles de la Sphere qui fe coupent perpendiculairement, fe rencontrent auffi dans des points diamétralement oppofés.

C'eft pourquoi, fi l'on connoît l'angle Z P D par la premiere équation ou analogie, son complément Z P S , ou l'angle horaire qu'on cherche sera aussi connu : soit la latitude du lieu situé vers le Nord de Paris 48^d 52'.

Le Log. du Cosinus a 9. 8768993.
Log. Tang. b....... 10. 4508513.

Log. Cotang x...... 10. 3277506. 64^d 49' $\frac{1}{8}$ Complément de l'angle Z P D, qui est l'angle horaire qu'on cherche, ou bien en tems 4^h 19' 16" $\frac{1}{2}$.

Sur l'Echelle Logarithmique , prenez l'intervalle de Compas entre le Sinus de 90^d, & le Sinus de 48^d 52', Cosinus de Z P ou de a : portez ce même intervalle , mais dans un sens ou ordre renversé , (puisque les Tangentes excédent 45 degrés), sur l'échelle des Tangentes; savoir, depuis la Tangente de 70^d $\frac{1}{2}$ jusqu'à un point vers la droite. Or la seconde pointe du compas indiquera 64^d $\frac{5}{8}$: ce sera l'angle horaire indiqué & que l'on cherche.

Il n'est pas inutile de remarquer ici, 1.° que l'angle Z P D a pour mesure un arc de l'Equateur précisément égal à celui qui se trouve vers l'Orient, compris entre le point de l'Equinoxe dans l'Horizon & la rencontre du Cercle de l'Equateur avec le Cercle Vertical Z S n, c'est-à-dire, l'Arc ♈ S.

2.° Que le même Vertical coupant l'Horizon en h , lorsque le soleil a pour amplitude vraie 19^d $\frac{1}{2}$, sa Déclinaison méridionale est en ce cas de 12^d 23' $\frac{1}{2}$, puisque Sin. $d =$ Cosin. $b \times$ Sin. a ; ainsi, l'échelle logarithmique donne pour la distance de 19^d $\frac{1}{2}$, ou du Cosin. b, à 90^d, un intervalle égal à celui qui indiquera de gauche à droite, depuis 41^d $\frac{1}{8}$ sur l'échelle des Sinus, le point de 12^d & 4 dixiemes pour l'Arc que l'on cherche.

Cette Déclinaison répond à Paris au 15 Février & au 25 Octobre, auxquels jours , sans l'effet de la réfraction, le soleil paroîtroit se lever précisément où l'Azimut coupe l'Horizon oriental.

L'Astre n'étant point dans l'Equateur : soit supposé la Déclinaison Boréale du soleil 23^d 28', & sa distance d au Pole, où S P égale à 66^d 32' : le même Azimut de 70^d $\frac{1}{2}$ étant supposé constant, on demande à quelle heure le soleil doit y passer ?

La seconde Equation est $\dfrac{\text{Tang } a \times \text{Cosin } x}{\text{Tang. } d} =$ Cosin. Z, autre partie de l'angle requis.

La Tang. Log. de a. 9. 9412036.
Le Cosinus Log. x.. 9. 9566324.

La somme........ 19. 8978360.
La Tang. Log. d... 10. 3623894.

Le Cosin. Log. Z... 9. 5354466. Savoir, 20^d 04' 01" $\frac{1}{2}$ qu'il

faut retrancher de l'Angle horaire équinoxial de 64ᵈ 49′ 07″ ½, &
le reste sera l'Angle horaire requis de 44ᵈ 45′ 6′ ou 2ʰ 59′ 00″ ⅔,
c'est-à-dire, que le soleil y passe à 9ʰ 1′ du matin, le 21 Juin,
environ 2ʰ & 1′ ¼ plus tard qu'au 15 Février ou 25 Octobre.

Au lieu de faire l'opération soustractive, ou de retrancher le Cosinus Z de l'Angle horaire équinoxial, comme en été, il faut au contraire en ce dernier cas, l'ajouter à cet Angle horaire, lorsque la
Déclinaison est méridionale.

Soit supposé, par exemple, la Tangente *d* égale au complément
de la Déclinaison 12ᵈ 23′ ½ trouvée ci-dessus ; le résultat de la
seconde Equation sera 10ᵈ 00′ 2′ ½, ce qui donne l'Angle horaire,
en l'ajoutant à l'arc équinoxial 64ᵈ 49′ 07″ ½, de 74ᵈ 49′ 10′, ou bien
en tems 4ʰ 59′ 16″ ⅔ ; Angle horaire qui répond à 7ʰ 00′ 43″ ⅓ du
matin : on a trouvé ci-dessus à l'Equinoxe 7ʰ 40′ 43′ ½.

Si l'on prend avec le Compas, sur l'Echelle Logarithmique, la
distance entre les Tangentes des deux côtés connus, on aura le même
rapport, & par conséquent la même distance entre les Cosinus des
deux parties qui forment l'Angle requis.

PROBLÊME VII.

*Etant données deux Etoiles dont les Déclinaisons & Ascensions
droites sont connues, trouver par l'instant auquel elles paroissent
dans un même Vertical connu, quelle est la latitude du lieu.*

Soit, (*Fig. 2*) Z le Zénith, P le Pole Boréal, A l'étoile la plus élevée,
dont la distance A P au Pole est connue par le Catalogue, B l'étoile
la moins élevée, B P sa distance au Pole, l'Angle A B P la différence
en Ascension droite des deux étoiles, l'Angle Z ou A Z P l'Angle
Azimutal qu'on suppose connu. On demande le côté Z P qui est la
distance du Zénith au Pole, ou le complément de la hauteur du
Pole. Ce Problême est le septieme de l'Almanach de Berlin, publié
en 1749.

$$\text{L'Équation est } \operatorname{Sin}. x = \frac{\operatorname{Sin}. a \ \operatorname{Sin}. e}{\operatorname{Sin}. f}$$

x désigne le complément de la latitude ou hauteur du Pole, *a*
la distance de l'étoile, la plus élevée, au Pole, *e* l'angle formé par le
Vertical à la même étoile avec le Cercle horaire, & enfin *f* l'Azimut.

D'où il est visible que l'Azimut doit être recherché avec soin,
soit par une excellente Boussole, soit par les hauteurs égales de
l'Astre, & autres régles de la Gnomonique nouvelle de D. Bedos.
b est la distance au Pole de l'autre étoile, & *c* leur différence d'Ascension droite.

A l'égard de l'Angle e, il n'y a plus de difficultés, puisqu'il est
prouvé que . . . Cotang. $e = \dfrac{\text{Cof. } e \text{ Cof. } a \text{ Sin. } b - \text{Sin. } a \text{ Cof. } b.}{\text{Sin. } e \text{ Sin. } b.}$

Ce Problême fera utile à ceux qui defirent, faute d'inftrumens
d'Aftronomie, trouver la latitude, à l'aide du calcul des Tables
Logarithmiques.

PROBLÊME VIII.

*La latitude ou hauteur du Pole du lieu étant connue, & l'Afcenfion
droite & la Déclinaifon de deux étoiles qu'on apperçoit au même
inftant paffer par un Vertical quelc., étant données, trouver l'heure.*

Ce Problême renferme plufieurs cas, & pour fimplifier, nous
n'en expoferons ici que deux uniquement : les autres étant plus com-
pliqués & affujettis à de plus longs calculs, nous fommes obligés de
renvoyer à l'Aftronomie Nautique, Problême XVI. de l'édition de
Lyon, en 1756.

I CAS. Si les étoiles paffent au même inftant par le Méridien,
c'eft-à-dire, fi elles ont précifément la même Afcenfion droite, ce cas
revient au Problême V, & c'eft un moyen de vérifier quelquefois
une ligne méridienne, foit par des fils à plomb, foit par un inftrument placé fur cette ligne, & qui porte des pinnules, ou une lunette
des Paffages avec des fils à fon foyer : on fuppofe que l'inftrument
ait été mis parfaitement à plomb, l'une ou l'autre étoile à fon paffage par le Méridien indiquera donc l'heure qu'on cherche, fi l'on
fait d'ailleurs ce jour-là l'afcenfion droite du foleil.

II CAS. On fuppofe que l'une des deux étoiles foit dans l'Equateur
où que fa diftance au Pole foit de 90 dégrés, cette étoile paroiffant
donc dans un même Vertical, avec une autre plus élevée, on demande pour cet inftant l'heure vraie.

La formule donne $t = \dfrac{r \, p \, f}{c \, X}$

C'eft-à-dire, que $c \, X$, eft au Rayon, comme le Sinus de la différence des Afcenfions droites, de chaque étoile, multiplié par f, eft
au Sinus de l'Angle horaire t, de la moins élevée des deux étoiles.

Il faut fe rappeller ici que f & c font les Sinus & Cofinus de
la Latitude du lieu, & X la Tangente de la Déclinaifon de la plus
élevée des deux étoiles, vues au même inftant dans un même Vertical.

Cette méthode nous fournit un moyen de déterminer, indépen-
damment de la Bouffole, la fituation exacte de ce Vertical, pourvu
que les deux étoiles foient fort éloignées l'une de l'autre.

PROBLÊME IX.

*La hauteur du Soleil ou d'une Etoile étant connue,
ainsi que la latitude du lieu, trouver l'heure.*

LA HAUTEUR du soleil ou d'une étoile, lorsqu'on voyage, se mesure à l'aide d'un niveau ou d'un Gnomon, ou bien avec des Astrolabes portatifs, suspendus par un genouil en boule, selon la méthode moderne. Quelques-uns ajoutent une double pinnule à l'alidade, & y placent un verre objectif pour en conclure la hauteur d'un des bords du soleil.

Dans les questions sur l'art de la navigation, imprimées en 1772, chez Saillant, on trouve les formules suivantes.

1.° Lorsque le soleil est à l'Horizon, soit que son centre s'éleve, ou qu'il se couche, la formule $u = \dfrac{s\,x}{r}$ nous donne l'heure vraie, c'est-à-dire, que r, Sinus de l'Angle droit ou de 90^d, est à S Tangente de la latitude du lieu, comme X, qui est la Tangente de la Déclinaison de l'Astre, est à u, Sinus de l'Angle horaire que l'on cherche.

Un simple niveau suffit donc pour faire cette observation à la campagne, ou sur un lieu fort élevé où l'Horizon est libre; mais la réfraction nuit un peu à la justesse de l'observation, & il faut y avoir égard.

2.° Lorsque le soleil est élevé sur l'Horizon, on fera le Sinus verse de l'Angle horaire $= \dfrac{s\,d}{y}$ c'est-à-dire, que le Cosinus y de la Déclinaison, est à la Secante s de la Latitude ou hauteur du Pole, comme d, différence des Sinus de la hauteur observée & de la hauteur méridienne, est au Sinus verse d'un Angle qui doit nous donner l'heure.

La hauteur méridienne se conclut en ajoutant, l'été, à la hauteur de l'Equateur, la Déclinaison du soleil; mais l'hiver, lorsque la Déclinaison est méridionale, il faut au contraire la retrancher.

F I N.

ERRATA. *Pag.* 1, *ligne* 1, Bradcley, *lisez* Bradley. *Pag.* 13, les cinq premiers nombres de la colonne des jours doivent correspondre aux rangées horizontales. *Pag.* 20, *lig.* 24, oriental, *lisez* orientale. *Pag.* 29, *lig.* 29, faciles connoître, *lisez* faciles à connoître.

De l'Imprimerie de la Veuve HÉRISSANT, Impr. du Cabinet du Roi. 1776.